中国近代新闻学名著系列丛书

芮必峰 ◎ 主编

中国新闻事业（下）

—— 黄天鹏 ◎ 著 ——

中国传媒大学出版社

·北 京·

第七章　新聞事業附錄

一　全國報館調查錄

導言

我國報紙最初之統計，其可徵信者，據時事新報所載，有清嘉慶二十年（一八一五）至咸豐十一年（一八六一）之四十六年間，計有報紙八種，均爲教會所發行。至光緒十二年（一八八六）增至七十八種。以地域分之，計新嘉坡一帶六種，香港六種，廣州二種，臺灣廈門汕頭共五種，福州三種，甯波二種，上海三十二種，漢口五種，九江一種，天津一種，北京一種。以時期言之，計月刊三十六種，週刊八種，日刊一種，餘爲間日三日旬日不等。是二十四年間較前已增九倍強。次據第一屆世界報紙大會紀事錄所載，民國十年（一九二一）全國共有報紙一千一百三十四種，內日刊五百五十種，二日刊六種，三日刊九種，五日刊九種，週刊一百五十四種，旬刊四十六種，兩週刊五種，半月刊四十五種，月刊三百零三種，季刊四種，半年刊一種，年刊一種，是三十六年間，較前又增十五倍弱。最近中外報章類纂社調查定期出版物，民國十四年至十五年之兩年間，全國日報晚報年報計六百二十八種。以地域分：北京第一，計一百二十五種，漢口第二，計三十六種，廣州第三，計二十九種，天津第四，計二十八種，濟南第五，計二十五種，上海第六，計二十三種。又外國報紙之每日發行者，計五十二種，以文字分之，英文二十六種，日文十六種，俄文六種，法文三種，朝鮮文一種。此四五年中又有若干之進步，若合以華僑報紙，學校校刊，公私政治社會學術團體之報紙及一切屬於遊藝性質等出版品而言，其數當在二千種左右，是此數年間較前又增一小半矣。今據上海寰球中國學生會之調查，總數果逾兩千，茲選作本書附錄，以供國人參考，並附中外報章類纂社所調查之通信社，上海報學雜誌社所調查之華僑報紙一覽，俾成全璧。庶讀是篇者，不特對報紙之縱的進步，得一概念，即於橫的分布，亦瞭然胸中，而知近百年來報紙固日有長足之進步也；特以我國地大物博人稠之需要，此僅九牛之一毛，而亟待吾人之促進光大之人也。民國十八年孟冬，新史氏識。

一　報館（上海寰球中國學生會調查）

此項調查錄，前年曾一度刊載，第因人事變遷，日新月異，新開者有之，更改名稱者有之，停閉者有之。茲復廣爲調查，重新付刊，以供關心文化宣傳事業者之參考。此表都凡二千餘家，日報，週報，旬刊，月刊，季刊，悉皆盡量搜羅。惟係截至民國十七年十二月三十一日爲止。其中改名稱及休刊者，諒必有之，而新增者尤不在少數。只得俟將來再行調查刊佈。

■江蘇區

報名	地址	編輯者	刊期
京報	南京	陳立夫	日刊
東南日報	同上	王冠英 劉穀英	日刊
老百姓	同上	吳仲仁 田瑞三	日刊
民生報	同上	成舍我	日刊
民報	同上	葉德真	日刊
新政聞報	同上	吳靜生	日刊
江蘇日報	同上	莊玉書	日刊

建業通信	同上	吳仲仁	日刊
甯報	同上	達劍峯	日刊
立言報	同上	吳新民	日刊
南洋新聞通訊社	同上	施紹文	日刊
新京晚報	同上	張蓬舟	日刊
南京中山日報	同上	達劍峯	日刊
民意	同上	熊尚	日刊
行政院公報	同上	國府秘書處	日刊
國民革命軍日報	同上	俞育之	日刊
新中華報	同上	于偉文	日刊
國立中央大學日刊	同上	張乃燕	日刊
南京市民	同上	周山	日刊
民國日報	同上	侯可九	日刊
江蘇民政廳公報	同上	民政廳	日刊
國民晚報	同上	掌牧民	日刊
財政日刊	同上	王汝亮	日刊
國民日報	同上	胡敬亭	日刊
黨軍日刊	同上	侯志明	日刊
南京中山晨報	同上	牛霹生 陳味青	日刊
民友晚報	同上	霍舜	日刊
三民導報	同上	胡大剛	日刊
首都國民新聞	同上	張勵生	日刊
中央通信	同上	余維一	日刊
時事通信	同上	陳伯炎	日刊
蒙藏通信	同上	王尚會	三日
國民政府公報	同上	國府秘書處	半週

指導半週刊	同上	曹強	半週
江蘇黨聲	同上	黨務指導委員會	週刊
法律評論	同上	江庸	週刊
南京慈善公報	同上	鄧斐軒	週刊
輿論新報	同上	陳耀	週刊
中央週報	同上	葉楚傖	週刊
鑛業週報	同上	王德森 黃發源 范柏年	週刊
中央大學教育行政週刊	同上	張乃燕	週刊
新江甯週刊	同上	李國崙	週刊
南京市週刊	同上	朱養素	週刊
布工週刊	同上	童效如	週刊
兒童週報	同上	陳劍翛	週刊

諫鼓日報	同上	曹燮南	刊
民衆週報	同上	劉李洪	週刊
空軍	同上	凌鄂蓀	週刊
江蘇省政府公報	同上	省政府	週刊
中美通信	同上	孫國屏	週刊
革命軍旬刊	同上	王澤民	旬刊
亞州旬刊	同上	黃穎公	旬刊
交通公報	同上	黃明豪	旬刊
國立中央大學農學院旬刊	同上	中大農學院	旬刊
革命民衆	同上	黨務指導委員會	旬刊
雞鳴報	同上	許麗雲	旬刊
夫婦旬刊	同上	荊有麟 金仲芸	旬刊
農林新報	同上	章之汶	旬刊

農鑛旬刊	同上	龍生云	旬刊
江蘇司法廳公報	同上	翟範九	旬刊
好朋友	刋上	陳劍脩	旬刊
鐘南旬刊	同上	蓀雲棟	旬刊
誠言通信	同上	吳勵吾	旬刊
五三半月刊	同上	首都反日會	半月
中央半月刊	同上	劉繩武	旬刊
訓政半月刊	同上	江蘇訓政人員養成所	半月
訓練半月刊	同上	靳鶴聲	半月
僑務彙刊	同上	林紹昌	半月
司法公報	同上	楊繩祖	半月
印度革命宣言報	同上	甘大辛 陸光霖	半月

中央大學南京女中校刊	同上	程指雲	半月
海光	同上	徐泉	半月
黨軍半月刊	同上	徐泉	半月
江蘇財政公報	同上	勵平	月刊
農鑛公報	同上	農鑛部	月刊
江蘇旬刊	同上	省政府	月刊
養蜂報	同上	徐受謙	月刊
衛生公報	同上	衛生部	月刊
明日之江蘇	同上	省政府民政廳	月刊
農鑛公報	同上	龍生雲	月刊
審計院公報	同上	審計院	月刊
南京特別市教育月刊	同上	陳劍脩	月刊
江寧縣教育行政月刊	同上	劉紹積	月刊

新部錄光	同上	蔣瘦影	月刊
江蘇省黨務彙刊	同上	倪弼　葉楚傖　江寶瑄	旬刊
工商公報	同上	楊驛	月刊
內政公報	同上	薛篤弼	月刊
財政月刊	同上	南京特別市市政府財政局	月刊
中央黨務月刊	同上	王陸一	月刊
衛生行政彙報	同上	公安局衛生科	月刊
國民革命軍軍事雜誌	同上	蔣中正	月刊
醫學衛生通俗報	同上	隨翰英	月刊
兒童教育	同上	陳鶴琴	月刊
財政公報	同上	王汝亮	月刊

鐵道公報	同上	鐵道部	月刊
南京通信	同上	葛建時	月刊
江蘇建設公報	同上	陳世璋	月刊
教育公報	同上	教育部	月刊
民衆教育月刊	同上	劉季洪	月刊
地理雜誌	同上	竺可楨	二月
靈光報	同上	高師竹	二月
中央大學實驗小學校校刊	同上	谷正雋	二月
南京特別市市政府公安局月刊	同上	唐奇	二月
神學雜誌	同上	陳維屏	季刊
最高法院公報	同上	梅公和	季刊
益羣養蜂季刊	同上	徐受謙	季刊
建設公報	同上	張貽燕	季刊

圖書館學季刊	同上	劉衡和	季刊
中國蟲害報告	同上	張巨伯	半年
益羣養蜂報彙刊	同上	徐受謙	年刊
蘇州日報	蘇州	石　錬	日刊
吳縣市鄉公報	同上	顏希魯	日刊
蘇州商報	同上	沈文雄	日刊
吳縣日報	同上	馬飛黃	日刊
大蘇報	同上	王微伯	日刊
明報	同上	張叔良	日刊
中報	同上	宋兆元	日刊
快活	同上	季愛人	三日
徽州新聞	同上	汪已文	週刊
旅蘇晚報	同上	李伯琦	旬刊

蘇州中校校刊	同上	古哲歟	半月
碧浪	同上	張瘦碧	月刊
民生醫報	同上	樊須欽	月刊
小學生	同上	祝曉舟	月刊
蘇中錫滬會半月刊	同上	壘培之	月刊
吳縣醫學雜誌	同上	王聞喜	月刊
愛建醫報	同上	季愛人	月刊
樂羣	同上	殷新甫	月刊
蘇州青年	同上	吉爾達	月刊
福音光	同上	程小青	月刊
老少年	同上	楊永青	二月
婦女醫學雜誌	同上	繆康壽	季刊
蔣氏學說	同上	蔣作賢	半年

晏成校刊	同上	陳子初	半年
監理會年會紀錄	同上	毛吟槎	年刊
慧靈校刊	同上	[illegible]紗斐	年刊
自強報	鎮江	張定一	日刊
三山日報	同上	黃醉公	日刊
江聲報	同上	劉煜生	日刊
明星晚報	同上	賈彝	日刊
鎮江新報	同上	高劍譜	日刊
新江蘇	同上	包明叔	日刊
三山通訊	同上	童仁甫	日刊
鎮江快報	同上	李維仁	日刊
益我通信日刊	同上	童賡伯	日刊
中山日報	同上	童仁甫	日刊
鎮江黨刊	同上	縣黨部指導委員會	週刊
鎮江週刊	同上	劉幻生	週刊
新鎮江	同上	談谿广 吳受天	週刊
鎮中校刊	同上	盧彬士	半月
鎮江學公會月刊	同上	袁聖稱	月刊
丹徒縣教育公報	丹徒	張夢巖	月刊
新無錫	無錫	楊少雲	日刊
錫報	同上	蔣哲卿	日刊
國民導報	同上	仲哲	日刊
民報	同上	楊仲遠	日刊
橄欖	同上	楊素香	二日
三日刊	同上	楊軾	三日
狐言	同上	金禹範	三日

衛生週刊	同上	金峙程	週刊
民衆	同上	中大民衆教院	週刊
無錫教育	同上	陸仁壽	週刊
無錫民衆	同上	薛 英	週刊
小學生	同上	徐振新	週刊
競志週刊	同上	侯鴻鑑	週刊
錫澄七會旬刊	同上	華文川	旬刊
無錫旅滬學生會會刊	同上	陳宣生	半月
無錫雜誌	同上	李毓珍	月刊
鴻光	同上	曹血俠	月刊
警鐘	同上	沈葆三	月刊
校友月刊	同上	石民傭	月刊
庚先英文月刊	同上	祝庚先	月刊
東林市報	同上	鮑如生	月刊
民衆晚報	徐州	陳愼非	日刊
銅山教育週刊	同上	殷克增	週刊
曉彭週刊	同上	朱炳青	週刊
國民月刊	同上	楊雲伯	月刊
民衆日報	常熟	朱鴻伯	日刊
常熟日報	同上	曹談八	日刊
虞陽日報	同上	邵夢蘭	日刊
工商日報	同上	胡呂伯	日刊
自由日報	同上	程兆翔	日刊
心影	同上	張起予	日刊
公園日報	同上	袁閏生	日刊
常熟市鄉公報	同上	俞鶴侶	日刊

新常熟	同上	曾品三	日刊
琴報	同上	歸炯盦	日刊
虞山晨報	同上	楊寒梅	日刊
常熟黨聲	同上	宣傳部	三日
虞社日報	同上	俞鷗侶	旬刊
心絲	同上	仲如琴	半月
錄竹	同上	俞夢花	半月
朝霞月刊	同上	尤半梅	月刊
朝霞雜誌	同上	尤半梅	月刊
醫藥衛生月刊	同上	蕭道生	月刊
藝星	同上	唐友三	月刊
虹月刊	同上	劉嘯虹	月刊
心弦月刊	同上	楊寒梅	月刊

澄波月刊	同上	金明星	月刊
晨鐘特刊	同上	張茂叔	月刊
醫學會月刊	同上	吳玉純	月刊
月光	同上	瞿體雲	月刊
教育季刊	同上	薛明劍	季刊
武進民報	常州	徐志青	日刊
中山日報	同上	王存心	日刊
蘭言日報	同上	吳劍門	日刊
商報	同上	郭文軌	日刊
武進日報	同上	李守之	日刊
武進縣教育局月刊	同上	吳崑	月刊
興業雜誌	同上	錢康 [illegible]森	季刊
大江北日報	揚州	朱康	日刊

江都金融日報	同上	陸希圃	日刊
民聲報	同上	徐時功 姚志仁	二日
江北商務	同上	王藻輔	二日
揚州日報	同上	張少聞	二日
江淮新報	同上	張並青	二日
新民報	同上	戴有懷	三日
通俗日報	同上	吳孝侯	週刊
江都縣公報	同上	蕭紹庭	週刊
警務旬報	同上	楊士香	旬刊
揚州中學旬刊	同上	周厚樞	旬刊
醫學月刊	同上	郭紹庭	月刊
近思月刊	同上	馮鑑清	月刊
江北運河工程彙刊	同上	運河工 程局	季刊

南通報	南通	張孝若	日刊
通海新報	同上	陳葆初	日刊
通海日報	同上	保潔孫	日刊
農鏡日報	同上	朱畏軒	日刊
通俗報	同上	沙士度	週刊
濠南旬刊	同上	周雅才	旬刊
藝林	同上	俞吟秋	半月
南通民衆半月刊	同上	孫東孺	半月
南政教育行政月刊	同上	宋子敬	月刊
新如皋黨報	如皋	張從周	二日
如皋報	同上	季雲	二日
如皋教育共進會二日刊	同上	沙俊	二日
昌報	同上	蔡達	三日

民聲報	同上	姚長祿	週刊
如皋黨報	同上	張其琛	週刊
如皋教育公報	同上	沙元榘	週刊
如皋週刊	同上	昌　傑	週刊
戴俱	同上	盧成名	旬刊
啓秀旬刊	同上	蔡美琛	旬刊
拼茶小學半月刊	同上	蔡美琛	半月
新如皋	同上	方予英	半月
藝苑彙刊	同上	于惠庵	半月
海日	同上	蔡悔予	半月
如皋醫學報	同上	李慰農	月刊
如皋讜言	同上	孫秀生	半年
高郵黨報	高郵	夏傳益	日刊

淮海日報	同上	施文俊	日刊
新聲	同上	施叔仙	日刊
[illegible]郵	同上	夏傳益	日刊
璧報	同上	王璠溪	日刊
大江北日報	同上	朱傑人	日刊
文孟	同上	楊璧漁	週刊
佛化週刊	泰縣	錢誠善	週刊
泰報	同上	王植之	週刊
天眞	同上	嚴白雲	週刊
泰縣縣政公報	同上	李宗藩	旬刊
海潮音	同上	釋太虛	月刊
鹽城日報	鹽城	朱錫五	二日
鹽城[illegible]	同上	[illegible]福東	三日

兒報	同上	吳松退	週刊
射水新聲	同上	朱友江	週刊
亭湖	同上	何宗寅	半月
泰興黨聲	泰興	李春生	三日
民聲	同上	蔣宗琬	三日
通俗旬刊	同上	朱雲龍	旬刊
泰興縣教育會旬刊	同上	朱傑	旬刊
女蠶	滸墅關	鄭紫卿	旬刊
平民旬刊	同上	陳一民	旬刊
虎嘯週刊	同上	余則章	旬刊
平民旬刊	同上	徐芝生	旬刊
莫籟旬刊	銅山	韓賢章	旬刊
東台報	東台	徐秉忠	二日
從同半月刊	同上	瞿平平	半月
東報	同上	宣益東	半月
努力	同上		半月
溧陽市鄉公報	溧陽	沈宗亮	週刊
溧陽評論	同上	許聞天	週刊
新溧	同上	汪兆麟	週刊
永蘇旬刊	同上	陳培相	旬刊
通揚報	姜堰	東哲	二日
集秀	同上	宮彩鸞	半月
吳陵風月	同上	戈秉直	月刊
南通縣立初中校刊	金沙	季子善	旬刊
童燈	同上	孫謹丞	旬刊
民衆畫報	同上	張性初	旬刊

鐸聲	曲塘	丁秋碧	月刊
靈光	同上	王東默	月刊
曲水	同上	宗亞農	月刊
靖江日報	靖江	黃紹昌	日刊
新靖江	同上	王益民	二日
民聲	江陰	劉佑康	日刊
江陰商報	同上	季和華	日刊
南菁院刊	同上	陳　綸	月刊
丹陽中山日報	丹陽	張漢林	日刊
丹陽教育行政月刊	同上	東禹功	月刊
潔廬雜誌	同上	王潔廬	月刊
興化公報	興化	徐睡麟	三日
新興化報	同上	李竹堂	五日
興化教育行政月刊	同上	顧敦福	月刊
江北日報	清江	邢耐寒	日刊
江淮民報	同上	周公望	日刊
吳江新報	吳江	黃　亮	半月
吳江黨報	同上	徐因時	週刊
吳江中學自治會刊	同上	沈春南	週刊
新學生	同上	唐乃忠	半月
法雨	同上	方鄂坡	半月
馬塘新市政	同上	張從周	半月
曉星	同上	馬文伯	半月
金壇黨報	金壇	黨務指導委員	半月
津浦之聲	浦口	津浦局	月刊
睢甯黨報	睢甯	魯　鈍	週刊

盛澤	盛澤	徐因時	週刊
江北	宿遷	錢在天	半月
民聲報	蕭縣	任鐵肩	三日
己巳	同上	許先濤	半月

▣ 上海區（中文報紙類）

報名	地址	編輯者	刊期
申報	上海	陳冷	日刊
新聞報	同上	李浩然	日刊
民國日報	同上	陳德徵	日刊
時報	同上	蔡行素	日刊
時事新報	同上	陳布雷	日刊
商報	同上	張靜廬	日刊
先施日報	同上	周瘦鵑	日刊
天韻日報	同上	王瀛洲	日刊
新新日報	同上	劉恨我	日刊
小日報	同上	林七賢	日刊
江南晚報	同上	居勵今	日刊
新申日報	同上	程泉	日刊
民衆日報	同上	程佳月	日刊
華聞通信	同上	蘇演存	日刊
太平洋通訊	同上	吳漢昌	日刊
滬報	同上	藍劍青	三日
晶報	同上	包天笑	三日
金鋼鑽報	同上	施濟羣	三日
大報	同上	步林屋	三日

海報	同上	朱瘦菊	三日
上海畫報	同上	錢芥塵	三日
橫行報	同上	孫透明	三日
醫藥新聞	同上	吳克潛	三日
報報	同上	胡憨珠	三日
羅賓漢	同上	朱瘦竹	三日
上海常識	同上	駱無涯	三日
幸福報	同上	楊志一	三日
平報	同上	陳積勛	三日
駱駝報	同上	曹夢魚	三日
大晶報	同上	馮夢雲	三日
梨園公報	同上	孫漱石	三日
鄉導	同上	王守先	三日
福爾摩斯	同上	吳微雨	三日
福報	同上	吳農花	三日
龍報	同上	蔡釣徒	三日
現世報	同上	沈陛雲	三日
新崇報	同上	曹孟淵	三日
農工商報	同上	吳選曼	三日
黎明旬刊	同上	王敬鈞	三日
青天世界	同上	許耕餘	三日
醬工旬刊	同上	倪雲甫	三日
民聲旬報	同上	謝瀛洲	三日
心靈運動	同上	余萍客	三日
通問報	同上	陳春生	週刊
銀行週報	同上	戴蔼盧	週刊

寰球週刊	同上	吳德寅	週刊
兒童世界	同上	徐應昶	週刊
小朋友	同上	吳　飛	週刊
興華報	同上	羅運炎	週刊
工商新聞	同上	陳覺是	週刊
畫報	同上	林澤蒼	週刊
新浦東	同上	瞿　鉞	週刊
浦東新報	同上	湯夢石	週刊
聖經彩畫	同上		週刊
問題畫報	同上		週刊
康健報	同上	陳存仁	週刊
國立勞働大學週刊	同上	蔣竹如	週刊
生活	同上	鄒恩潤	週刊
常識報	同上	諸　衡	週刊
語絲	同上	魯　迅	週刊
衞生報	同上	丁濟萬	週刊
社會醫報	同上	胡定安	週刊
拒毒新聞	同上	鐘可托	週刊
長康週刊	同上	金長康	週刊
餘力	同上	劉耀五	週刊
上海漫畫	同上	張光宇	週刊
南國週刊	同上	田　漢	週刊
貢獻	同上	孫伏園	旬刊
再造旬刊	同上	周一志	旬刊
生華	同上	龔　斬	旬刊
紅玫瑰	同上	趙苕狂	旬刊

聯益之友	同上	趙眼雲	旬刊
聶氏家言旬刊	同上	聶雲台	旬刊
復旦旬刊	同上	同學會	旬刊
東方雜誌	同上	錢智修	半月
兒童畫報	同上	朱天民	半月
聖公會報	同上	聶高萊	半月
精武畫報	同上	黃維慶	半月
眞美善	同上	曾虛白	半月
紫羅蘭	同上	周瘦鵑	半月
明證	同上	賈立言	半月
北新半月	同上	石光落	半月
美亞期刊	同上	陳太濮	半月
新評論	同上	章乃器	半月
現代中國	同上	丁時政	半月
華僑	同上	熊　理	半月
東聲	同上	陳延儀	半月
小雨半月刊	同上	王任叔	半月
中國公論	同上	楊正宇	半月
經濟半月刊	同上		半月
市政公報	同上	上海特別市政府	月刊
建國週刊	同上	邵元冲	月刊
海軍期刊	同上	海軍總司令部	月刊
衛生月報	同上	沈　誥	月刊
公安月報	同上	周漢京	月刊
小說月報	同上	鄭振鐸	月刊
教育雜誌	同上	周予同	月刊

少年雜誌	同上	朱天民	月刊
婦女雜誌	同上	杜就田	月刊
學生雜誌	同上	朱天民	月刊
學藝	同上	學藝社	月刊
民鐸雜誌	同上	學術研究會	月刊
自然界	同上	周建人	月刊
出版月刊	同上	周全平	月刊
學衡	同上	劉伯明	月刊
中華教育	同上	左舜生	月刊
學生文藝叢刊	同上	凌善清	月刊
戲劇月刊	同上	劉豁公	月刊
慕爾堂月刊	同上	趙景聖	月刊
聖心報	同上	徐伯愚	月刊

聖教雜誌	同上	徐宗鐸	月刊
平民月刊	同上	陳文藻	月刊
普益月刊	同上	王大章	月刊
吳門月刊	同上	吳樂雲	月刊
福音鐘	同上	李寶階	月刊
聖靈報	同上	郭多馬	月刊
眞光	同上	張亦鏡	月刊
拒毒	同上	黃嘉歷	月刊
少年月刊	同上	凌翰臣	月刊
同工	同上	梁士純	月刊
女青年	同上	蔡葵	月刊
通商報	同上	楊瑞傑	月刊
錢業月刊	同上	胡慶楨	月刊

總商會月報	同上	鄧峙冰	月刊
商佽月刊	同上	胡得	月刊
通俗	同上	項君蓴	月刊
郵聲月刊	同上	上海郵務職工會	月刊
新生命	同上	周佛海	月刊
道路月刊	同上	吳山	月刊
旅滬中山同鄉會月報	同上	徐公溥	月刊
無錫旅刊	同上	陸敍百	月刊
湖州	同上	張廷灝	月刊
同濟醫學月刊	同上		月刊
秋心	同上	盧逸云	月刊
教育與職業	同上	潘文安	月刊
中華職業學校月刊	同上	中華職業學校	月刊

上海貨物月刊	同上	趙人儁	月刊
浙江月報	同上	沈衡山	月刊
一般	同上	夏丏尊	月刊
中國工程學會會刊	同上	朱友能	月刊
節制月刊	同上	花博理	月刊
創造月刊	同上	王獨清	月刊
商業雜誌	同上	馬崇淦	月刊
新女性	同上	章錫琛	月刊
淨業月刊	同上	黃涵之	月刊
中西醫學報	同上	丁惠康	月刊
良友	同上	梁得所	月刊
醫界春秋	同上	張贊臣	月刊
新儉德	同上	楊先芬	月刊

新農報	同上	鮑天一	月刊
海關華員聯會月刊	同上	嚴一士	月刊
新月	同上	徐志摩	月刊
電影月刊	同上	沈　誥	月刊
當代月刊	同上	孫伏園	月刊
今代婦女	同上	伍聯德	月刊
政治經濟建設討論會會刊	同上	徐振譽	月刊
無線電月刊	同上	李範一	月刊
先導月刊	同上	徐樂羣	月刊
奇風月刊	同上	韓瑞有	月刊
開明月刊	同上	索　非	月刊
從聲月刊	同上	周維同	月刊
復興報	同上	倪折聲	月刊
國貨月刊	同上	石芝坤	月刊
新精神月刊	同上	彭兆良	月刊
中國醫學月刊	同上	毛晴農	月刊
新銀星	同上	陳炳洪	月刊
國貨評論	同上	王鈍根	月刊
工業改造	同上	陳其田	二月
中國農業會刊	同上	陸費執	二月
民鐸報	同上	嚴經章	二月
佈道促進	同上	林培德	二月
基督教育出版界	同上	陳金鏞	季刊
世界佛教居士林林刊	同上	唐大圓	季刊
工程	同上	黃　炎	季刊
中華醫學雜誌	同上	伍連德	季刊

旅行雜誌	同上	莊鑄九	季刊
教育季刊	同上	繆秋笙	季刊
商務季刊	同上	陳之英	季刊
黟山青年	同上	汪勵吾	年刊
新海門日報	海門	陳曉岑	日刊
崑太新聞	太倉	顧息分	週刊
太倉大公	同上	嚴洗塵	旬刊
太倉評論	同上	徐倉粟	半月
啓東報	啓東	陳炳堯	旬刊
革命民衆	松江	蔡步白	旬刊
松江中學校刊	同上	陳希東	旬刊
徽光	崑山	洪葉圓	旬刊
新崑山	同上	李子一	旬刊

青浦縣公報	青浦	趙雪安	旬刊
驪珠旬刊	同上	吳誦莪	旬刊
劉河旬刊	劉河	滕德濤	旬刊
薛浪	朱家橋	李惠氏	半月
通俗教育	金山	沈士雄	半月
崇明黨報	崇明	朱旭初	半月
通俗月刊	同上	陸斌	半月
立達	江灣	劉薰宇	半月
中國養鷄雜誌	同上	鄭永存	半月
復旦實中季刊	同上	張澍	季刊
通俗教育月刊	嘉定	楊郇雲	月刊
嘉定新聲	同上	呂雲彪	月刊
南洋研究	眞茹	費哲民	月刊

南匯學事月刊　南匯　宋賓仁　二月　一

■ 上海區（西文報紙類）

(Name of Newspaper)	(Where Published)	(Editor's Name)	(Frequency)
Shanghai Mercury	*Shanghai*	G. T. Lloyd	Daily
North China Daily News	,,	O. M. Green	,,
Shanghai Times	,,	G. B. Sayer	,,
The China Press	,,	C. J. Laval	,,
Reuter's News	,,	N. J. Cox	,,
Reuter's Commercal, Financial & Shipping Services.	*Shanghai*	H. W. A. Waalter	Daily
The Shanghai Morning Post.	,,	Francis Zia	,,

The International Journal.	,,	*Reid*	*Semi-weekly*
The China Critic	,,	*D. K. Lieu*	*Weekly*
North China Herald.	,,	*O. M. Green*	,,
English Weekly	,,	*Eugene Chow*	,,
The China Weekly Review	,,	*J. B. Powell*	,,
The Shanghai Sunday Times	,,	*G. B Sager*	,,
The China Digest	,,	*Carroll Lunt*	,,
Evangelistic Loaflet	,,	*T. F. Pan*	,,
Bible Picture Will Sdroll	,,	*Tewksburg Yang*	,,
The China Current Weekly	,,	*Yu Tiun Hugh*	,,
The Chinese Economic Bulletin	,,	*W. H. Donald*	*Fortnightly*
China Frlm Pictorial	,,	*Chang San Fong*	*Half.monthly*
Far Eastern Division	,,	*C. C. Cricler*	*Monthly*

Out Look	,,	*Frederick Lee*	,,
Signs of the Times	,,	*Secretary C. S. S. U.*	,,
The China Sunday School	,,		,,
British Chamber of	,,	*Pheil*	,,
Commerce Journal	,,		,,
Chinese Recorder	,,	*Frank Rawlision*	,,
The Bull tin of the	,,		,,
Bible Union of China	,,	*J. W. Lowrie*	,,
China Christian Advocate	,,	*L. L. Hale*	,,
The Mei Foo Field	,,	*C. B. Brown*	,,
Wen Shih Bulletin	,,	*C. S. Wong*	,,
It	,,	*G. B. Lloyd*	,,
The Pan Pacific	,,	*Viola Smith*	,,

American Women Club Bulletin	,,	Mrs. B. M. Smith	,,
The Chinese Economic Journal	,,	W. H. Donald	,,
The China Fundamentalist &	,,		,,
Anti-Bolsh vik Bulletin	,,	E. Strother	Every 2 months
The Modern's Decalogue	,,	F. J. Melcer	,,
Health	,,	Koo Shen	Quarterly
Educational Review	,,	E. W. Wallace	,,
The Leper Auarterly	,,	T. C. Wu	,,
Opium	,,	B. Dai	,,
Le Journal De Shanghai	,,	A. Fontency	Daily
Die Bru cke	,,	G. Straus	Weekly
Echo	,,	V. A. Chilikin	Daily
Russkaia Mysl	,,	D. A. Lebedev	,,

The Shanghai Nippo	,,	島田數雄	,,
Shanghai Nichi Nichi	,,	宮承祐雄	,,
The Monthly Report Japanese Chamber of Commerce, Shanghai	,,	安原美祐雄	Monthly
Shanghai Shih Lun	,,	掘　清	,,

■河北區

報名	地址	編者	刊期
庸報	天津	邵光典	日刊
大公報	同上	胡政之	日刊
益世報	同上	劉豁軒	日刊
現世報	同上	史鶴雛	日刊
正報	同上	胡仲元	日刊
華北晚報	同上	周符誠	日刊
天津商報	同上	王鏤冰	日刊
太晤士晚報	同上	郭子揚	日刊
津南日報	同上	王仲英	日刊
民衆報	同上	黃文卿	日刊
國民快報	同上	李雲濤	日刊

河北財政公報	同上	河北財政廳	日刊
新武週報	同上	袁具章	日刊
大中時報	同上	徐堦平	日刊
新中國日報	同上	高俊豪	日刊
白話午報	同上	白幼卿	日刊
白話晚報	同上	白幼卿	日刊
民心日報	同上	鄭楚石	日刊
京津快報	同上	陸少遊	日刊
啓明報	同上	蘇明甫	日刊
津報	同上	張誠民	日刊
天津日日新聞	同上	郭養田	日刊
京津泰晤士報	同上	郭子揚	日刊
大中華商報	同上	韓笑塵	日刊

華北新聞	同上	郭究竟	日刊
評論	同上	王小松	日刊
新天津報	同上	劉髯公	日刊
京津民生日報	同上	陸少遊	日刊
白話晨報	同上	白幼卿	日刊
民國日報	同上	許延年	日刊
華北日報	同上	*J. Cowen*	日刊
京津泰晤士報	同上	*Woodheod*	日刊
華北明星	同上	*JCFox*	日刊
京津日日新聞	同上	江崎壽夫	日刊
天津日報	同上	眞藤棄生	日刊
日本電報通信	同上	*RYan anchi*	日刊
北洋畫報	同上	馮武越	三日

南中週刊	同上	南開中學	週刊
國聞週報	同上	胡政之	週刊
明星畫報	同上	曹舞霜	週刊
社會教育星期報	同上	林兆翰	週刊
益世週報	同上	劉守榮	週刊
南開週刊	同上	魯克恆	週刊
南宮週刊	同上	鞠霖三	週刊
常識畫報	同上	趙光宸	週刊
實業週刊	同上	趙光晨	週刊
華北星期	同上	J. Cowen	週刊
星期畫報	同上	Wood head	週刊
路透電報	同上	Henry	週刊
天津商業會議所時報	同上	小林陽之助	週刊
豐潤教育旬刊	同上	豐潤縣教育會	旬刊
天津經濟新報	同上	小宮山繁	旬刊
六師校刊	同上	河北第六師範學校	半月刊
天津佛教居士林刊	同上	許季上	月刊
電友	同上	李季清	月刊
伊光月刊	同上	王文清	月刊
明德月刊	同上	劉子楨	月刊

■北平區（中文報紙類）

報名	地址	編者	刊期
北京日報	北平	朱淇	日刊
京話日報	同上	彭貽孫	日刊
京津時報	同上	許世鈞	日刊

羣强報	同上	兆維新	日刊
商業日報	同上	郭復生	日刊
經世報	同上	陳　章	日刊
實事白話報	同上	趙竺農	日刊
又新日報	同上	周　浩	日刊
北京報	同上	梁贊廷	日刊
迅報	同上	孔正義	日刊
芒字日日新報	同上	王靈易	日刊
京保日報	同上	武尚文	日刊
京兆晨報	同上	申伯純	日刊
中國新聞	同上	王效武	日刊
日知小報	同上	王　纁	日刊
廿世紀	同上	湯伯雄	日刊
黎明報	同上	張永寬	日刊
世界晚報	同上	鍾爾强	日刊
北京大早	同上	馬半癡	日刊
北京晚報	同上	李夷之	日刊
北京學生聯合會日刊	同上	李盧生	日刊
戲劇日報	同上	屈丹俠	日刊
民國日報	同上	雷　崑	日刊
華文京報	同上	劉　亮	日刊
新中日報	同上	李叔民	日刊
新聞晚報	同上	陳劭南	日刊
簡報	同上	宋競業	日刊
甲子	同上	許覺民	日刊
實業日報	同上	董賓庭	日刊

世界日報	同上	成平	日刊
新社會日報	同上	祁平非	日刊
北京公報	同上	余芷湘	日刊
北京快報	同上	宋采亮	日刊
北京日報	同上	柳克述 陳協全	日刊
北京導報	同上	羅安	日刊
華北正報	同上	凌擊溟	日刊
河北民國日報	同上	劉瑤章	日刊
社會晚報	同上	葉怡庵 林仰天	日刊
民言日報	同上	詹辱生	日刊
新北京晚報	同上	章器才	日刊
新晨報	同上	俞修五	日刊
北平全民日報	同上	王蔚文	日刊
河北省政府公報	同上	河北省政府	日刊
畿輔日報	同上	秦秋泉	日刊
新中華報	同上	趙尤我	日刊
京兆日報	同上	恆叔達	日刊
華北日報	同上	沈君陶	日刊
午後新聞	同上	申申如	日刊
輿論報	同上	侯疑始	日刊
翰海	同上	侯疑始	日刊
道德公言	同上	劉玉權	日刊
民立晚報	同上	成濟安	日刊
北京早報	同上	王錫綸	日刊
警察公報	同上	王兆南	日刊
北京通信	同上	王丹忱	日刊

中國通信	同上	潘秋峯	日刊
正風通信	同上	白一民	日刊
中華政聞通信	同上	呂葵忱	日刊
亞洲通信	同上	羅愁伯	日刊
時事通信	同上	吳衡如	日刊
炎炎通訊	同上	吳叔仁	日刊
華洋通訊	同上	魏趨和	日刊
國聲通訊	同上	李二玉	日刊
華民通訊	同上	岑逸郿	日刊
多聞通信	同上	程朶叉	日刊
統一通信	同上	徐　壬	日刊
民興通信	同上	張伯杰	日刊
唯心通信	同上	石改聲	日刊

太平洋通信	同上	管雲輕	日刊
華歐通信	同上	石笑凡	日刊
民治通信	同上	劉鳶如	日刊
中外通訊	同上	李定民	日刊
新聞通信	同上	宋曉我	日刊
燕京通訊	同上	汪道餘	日刊
順天時報	同上	中島眞雄	日刊
新支那新聞	同上	安藤乃吉	日刊
北京新聞	同上	波多野乾	日刊
共同通信	同上	小口五郎	日刊
極東新信	同上	藤原謙兄	日刊
北京新聞	同上	A. Nachbaur	日刊
三日黨刊	同上	特別市黨部	三日

北京師大週刊	同上	張貽惠	週刊
國立京師大學理科週刊	同上	國立京師大學理科	週刊
國民週刊	同上	北平黨務指導委員會	週刊
清華學校校刊	同上	章　寅	週刊
社會週刊	同上	余大休	週刊
影戲週刊	同上	郭會愷	週刊
旅京山東地方治安討論會週刊	同上	紀伴琴	週刊
新教育評論	同上	陶知行	週刊
河北週刊	同上	宋力泉	週刊
北京政聞	同上	李　深	週刊
北平民衆	同上	民衆訓練委員會	週刊
政治生活	同上	羅綺漢	週刊
孤軍週報	同上	朱洵陶	週刊
雲南週刊	同上	趙鶴齡	週刊
新隴	同上	丁稚軒	週刊
東北週報	同上	蒙本正	週刊
文藝週刊	同上	杜大招	週刊
鄉導週刊	同上	門啓昌	週刊
法律週刊	同上	張志讓	週刊
匯大學藝	同上	羅學濂	週刊
議事週報	同上	迦　林	週刊
精華週報	同上	張弟弟	週刊
霞光畫報	同上	譚旦冏	週刊
前鋒畫報	同上	劉重農	週刊
北平畫報	同上	王仲明	週刊

美美畫報	同上	李樂天 孫公昭	週刊
北京週報	同上	藤原謙兄	週刊
交通大學旬刊	同上	交通大學	旬刊
北京華北大學旬刊	同上	董秋芳	旬刊
息災專刊	同上	葉勝三 鄧繼銓	旬刊
革命前鋒	同上	劉重農	旬刊
論衡	同上	王浩仁	旬刊
黔八之聲	同上	吳德遠	旬刊
藝林旬刊	同上	吳快亭	旬刊
蓬萊旬刊	同上	劉遠哉	旬刊
小小日報	同上	宋信生	旬刊
衡鋒旬刊	同上	楊漢輝	旬刊
川政評論	同上	張榮福	旬刊

農民	同上	傅葆琛	旬刊
理鐸報	同上	謝良吾	旬刊
佛教警鐘	同上	劉顯亮	旬刊
佛寶旬刊	同上	劉顯亮	旬刊
文化半月	同上	戴驊文	半月
莒鐘半月刊	同上	莒鐘社	半月
三民半月刊	同上	陳文華	半月
臨清旅外學會半月刊	同上	袁光顏	半月
圖治	同上	楊吉玄	半月
坦途	同上	陳天民	半月
翼星半月刊	同上	張建基	半月
新使命	同上	羅文雄	半月
共進半月刊	同上	屈武	半月

桂光	同上	黃日葵	季刊
北平市政公報	同上	北平市政府	月刊
新民國雜誌	同上	李鴻	月刊
法政學報	同上	周淦	月刊
民大月刊	同上	曾作忠	月刊
陪陵月刊	同上	王施展	月刊
華文佛化新青年	同上	寧達蘊	月刊
新聞學刊	同上	黃天鵬	月刊
中國生理學雜誌	同上	林可勝	月刊
人聲月刊	同上	周扶耕	月刊
海事雜誌	同上	張繼煦	月刊
弘毅月刊	同上	陳銓	月刊
震宗月刊	同上	唐易塵	月刊
救世月刊	同上	張逸塵	月刊
中國圖書館協會會報	同上	中國圖書館協會	月刊
北京圖書館月刊	同上	袁同禮	月刊
競社月刊	同上	競社	月刊
新國家	同上	靳榮祿	月刊
京師學務公報	同上	京師學務局	月刊
孝感新刊	同上	祝存照	月刊
華文新聲月刊	同上	馬世勳	月刊
福音月報	同上	倪保羅	月刊
清華學報	同上	清華大學	月刊
京師稅務月刊	同上	京師稅務公署	月刊
西鄉	同上	薛伯安	月刊
協進月刊	同上	杜庭修	月刊

文化革新導言	同上	陳堯初	月刊
合作訊	同上	章元善	月刊
人權月刊	同上	胡石青	月刊
新灘潮	同上	廣西桂林道留京學會	月刊
立達	同上	楊慎初	月刊
萼山鐘報	同上	婁元亮	月刊
癡呼	同上	楊漢輝	月刊
支那風物	同上	中野去三郎	月刊
支那問題	同上	宋本清司	月刊
文字同盟	同上	橋川時雄	月刊
回教	同上	川村杜社	月刊
救世報	同上	B.R.Friebrich	月刊
白話	同上	Hwang Hoo	月刊
通俗協會月刊	同上	北平協和醫科大學	月刊
渝聲	同上	張仲純	二月
晨光雜誌	同上	高涵	二月
救災會刊	同上	Y.S.Djang	二月
中國華義賑救災會叢報	同上	同上	二月
括蒼雜誌	同上	括蒼學社	季刊
莽蒼社刊	同上	張慶泗	季刊
越光季刊	同上	沈懋惠	季刊
北洋醫學彙刊	同上	潘毓桂	季刊
民間雜誌	同上	胡春林	季刊
社會科學季刊	同上	國立北京大學社會科學季刊社	季刊

鐸聲雜誌	同上	黃書亮	季刊
靈食季刊	同上	王明道	季刊
礦冶	同上	孫昌克	季刊
商學季刊	同上	方宗鰲	季刊
警官高等學校期刊	同上	警官高等學校	半年
造形美術	同上	烏以峯	半年
幃潮	同上	王崎南	半年
國文學會叢刊	同上	國文學會叢刊社	半年
四川江北學會會刊	同上	江北旅京學會	年刊
全國專門以上學校投考指南	同上	葉桂華	年刊
北大廣東同鄉年刊	同上	鍾廷樞	年刊
北平各大學入學調查錄	同上	陳東原	年刊
石室學報	同上	繆金源	年刊

燕大週刊	海甸	熊佛西	週刊
燕大農訊月刊	同上	沈壽銓	月刊
燕京學校	同上	容　更	半年
綏遠通俗畫報	歸化	馮延鑄	日刊
綏遠日報	同上	熊保豐	日刊
綏遠黨報	同上	楊介德	日刊
兒童	同上	趙啓鎔	週刊
社會	同上	趙啓鎔	旬刊
家庭	同上	趙啓鎔	半月
小報	綏遠	伊光宇	日刊
中山日報	同上	國民黨	日刊
察哈爾通信社	張家口	夏國瑞	日刊
大北新報	同上	趙　順	日刊

察區黨部	同上	張纍樵	日刊
冀南三日刊	大名	賈貫一	三日
訓政週刊	同上	郭洪波	週刊
河北大學週刊	保定	河北大學	週刊
保市週刊	同上	張幹軒	週刊
保市旬刊	同上	張　更	旬刊
育德月刊	同上	安志成	月刊
濮陽週刊	濮陽	李曦如	週刊
完縣週刊	完縣	鄒左舟	週刊
井陘週刊	井陘	王鴻圖	週刊
新磁縣晶報	磁縣	王鏡銘	三日
懷來民報	懷來	王謙復	二日

■ 北平區 （西文報紙類）

(Name of Newspaper)	(Where Published)	(Editor's name)	(Frequency)
The People's Trsbune	*Peiping*	段志林	*Daily*
La Tientsinois	,,	*A. Nachqaur*	*Daily*
The Chinese Social and Political Science Review	,,	*The Chinese Social and Political Ass.*	*Trihdaily*

The Week China	,,	C, S, Liu	Weekly
Deutcher Ostasien Bote	,,	Paul Kettner	Weekly
The Journal of the Chinese & Am rican Engineers	,,	Alfred L.Meyer	Monthly
The Crusader	,,	B. R. Friedrick	,,
The Life	,,	Timothy Ming	,,

■ 廣東區

報名	地址	編者	刊期
廣州民國日報	廣州	黃季陸	日刊
商報	同上	羅嘯璈	日刊
共和報	同上	徐文甫	日刊
國華報	同上	周　琦	日刊
公評報	同上	鍾超羣	日刊
新國華報	同上	梁潤三	日刊
司法日刊	同上	李珮秋	日刊
黃埔日刊	同上	戴季陶	日刊
廣州晶報	同上	黃澤霖	日刊
廣州日日新聞	同上	李益濤	日刊
普通行情廣告日刊	同上	梁　雄	日刊
天益行情日刊	同上	梁夢俠	日刊
英文日報	同上	李　才	日刊

世界新聞	同上	王名	日刊
銀品週報	同上	衞彭年	三日
紅杜鵑	同上	歐陽笑五口	三日
新國民半週刊	同上	丘夢之	半週
果報	同上	盧鑄石	半週
明珠半週刊	同上	陳魯文	半週
英文半週刊	同上	賀輔民	半週
民俗	同上	中山大學	週刊
中山大學語言歷史研究所週刊	同上	同上	週刊
圖書館週刊	同上	同上	週刊
興華禮拜	同上	周伯羣	週刊
整理	同上	劉曉東	週刊
海員週刊	同上	梁毅	週刊

小薔薇	同上	黃維浩	週刊
軍聲	同上	李家英	週刊
培英青年	同上	培英學校	週刊
工聯週刊	同上	黃仲民	週刊
發達星期報	同上	黎剛甫	週刊
警衞週刊	同上	鄧曇	週刊
白鰻電影週刊	同上	陳超雲	週刊
海聲通訊	同上	周守愚	週刊
海外週刊	同上	同上	週刊
珠江星期畫報	同上	梁煥之	週刊
南大青年	同上	何鴻臯	週刊
蘧言週刊	同上	張宗象	週刊
九江鄉事星期刊	同上	余羣玉	週刊

四邑同鄉會報	同上	陳勵羣	週刊
鐸聲	同上	招觀海	週刊
黃浦商埠週刊	同上	黃浦商埠有限公司	週刊
財政公報	同上	財政廳	週刊
工人週刊	同上	廣州工會俱樂部	週刊
廣州工人週刊	同上	吳健之	週刊
廣東行政週刊	同上	省政府	週刊
兩廣浸會週刊	同上	曾郁根	週刊
民衆的武力	同上	朱奇君	週刊
廣州青年	同上	張宗家	週刊
四邑雜誌	同上	梁拔臣	旬刊
民間	同上	李家仁	旬刊
幹刊	同上	陳達材	旬刊
改進	同上	霍靈健	旬刊
廣東機器工會旬刊	同上	吳健之	旬刊
弘法旬刊	同上	寶靜	旬刊
衞生旬刊	同上	馮振強	旬刊
廣東省政公報	同上	省政府	旬刊
興華浸信自立會報	同上	朱傑民	旬刊
大聲旬刊	同上	朱家勉	旬刊
南海縣公報	同上	南海縣	半月
解放畫報	同上	廣東特別委員會	半月
軍人新世界	同上	國軍十五師政治部	半月
番禺公報	同上	凌達才	半月
國民電影半月刊	同上	丘夢之	半月
廣東省政府特刊	同上	省政府	半月

培正青年	同上	盧卓然	半月
雷鞭半月刊	同上	方立場	半月
民大學報	同上	霍共若	半月
培正	同上	鍾榮蒼	半月
離社半月刊	同上	李錫彤	半月
華僑之路	同上	招待海外同志事務所	半月
農聲	同上	中山大學	月刊
教育研究	同上	同上	月刊
社會科學論叢	同上	劉光華	月刊
商業特刊	同上	總商會	月刊
開鶴麥族月刊	同上	麥伯衡	月刊
楞嚴特刊	同上	沈觀白	月刊
革命先鋒	同上	張紹雲	月刊
航空月刊	同上	航空局	月刊
黨聲月刊	同上	符倬雲	月刊
南大與華僑	同上	周桂根	月刊
恩平藜塘月刊	同上	張撫畏	月刊
廣州市政公報	同上	廣州市政廳	月刊
西河潮月報	同上	林慕騫	月刊
香花畫報	同上	張清泉	月刊
廣東全省籌賑總處籌賑月刊	同上	廣東全省籌賑總處	月刊
增江月報	同上	黃仁剛	月刊
仁濟街禮拜堂月刊	同上	華漢光	月刊
嶺南大學校刊	同上	嶺南大學	月刊
學校期刊	同上	同上	月刊
東山浸信會月報	同上	吳省靈	月刊

培英友聲月刊	同上	培英學校	月刊
熹華銀行月刊	同上	譚希天	月刊
佛化特刊	同上	宗禪	月刊
服務月刊	同上	禤奉常	月刊
中醫雜誌	同上	廖伯魯	月刊
黃浦商埠月刊	同上	黃浦商埠有限公司	月刊
南華評論報	同上	C. M. W. Chu	月刊
建設公報	同上	建設廳	月刊
美洲同盟會月刊	同上	美洲同盟會	月刊
新赤溪社月刊	同上	溫啟賢	月刊
絲業小刊	同上	廣東全省改良蠶絲局	月刊
中南月刊	同上	鍾應秋	月刊
粵鹺月刊	同上	鹽務總處	月刊

自理報	同上	梁叔蓉	月刊
農事雙月刊	同上	張焯堃	二月
信義神學季刊	同上	黃福延	季刊
中華基督教廣東大會會務報告	同上	吳子坤	季刊
興華季刊	同上	周伯琴	季刊
自然科學	同上	中山大學	季刊
國立中山大學湖南同學會會刊	同上	同上	季刊
培英雜誌	同上	培英學校	半年
廣州協和	同上	石漢章	半年
大嶺東日報	汕頭	吳子壽	日刊
天聲日報	同上	詹天眼	日刊
民聲日報	同上	陳小囊	日刊
真言日報	同上	洪春修	日刊

嶺東民國日報	同上	盧鑒聞	日刊
商業晚報	同上	董偉寰	日刊
汕頭早報	同上	蕭克大	日刊
潮梅新報	同上	江冷	日刊
汕報	同上	周頤	日刊
韓江上游週報	同上	張士平	日刊
汕頭工人週刊	同上	陳述經	日刊
汕頭市市政公報	同上	市政廳	日刊
嶺東教會旬刊	同上	劉雨蒼	日刊
鐸報	同上	温丹銘	月刊
嶺東浸會嘉音	同上	陳建勛	月刊
友聯中學校季刊	同上	吳士超	季刊
台山民報	新寧	黃榮生	日刊

醒羣報	同上	吳鳴新	週刊
新甯雜誌	同上	譚士奇	旬刊
台山譚氏雜誌	同上	譚蔚亭	半月
台月青年	同上	黃英華	月刊
台山三台康和日刊	同上	康和校友會執行會	月刊
東坑月刊	同上	東坑灝保局	月刊
台山李族月鏡	同上	李袞袞	月刊
南材李氏月刊	同上	黃鎏甫	月刊
台山黃氏月刊	同上	陳大祥	月刊
甯陽晉山月刊	同上	伍理周	月刊
端芬什誌	同上	梅濤池	月刊
紀綱慎月刊	同上	[illegible]芬	月刊
官步月報	同上	黃錫五	月刊

文驪月報	同上	陳仰喬	月刊
那秩區月刊	同上	董仿周	月刊
北坑月刊	同上	陳宁五	月刊
東陵雜誌	同上	黃劍秋	月刊
潮源月刊	同上	鄺日亭	月刊
隆享特刊	同上	許里統	月刊
廣海雜誌	同上	黃犖生	月刊
水南季刊	同上	江叔術	季刊
遠材季刊	同上	鍾德愚	季刊
宏育特刊	同上	黃超偉	季刊
南州特刊	同上	黃玉珊	季刊
平陽益誠季刊	同上	譚卓生	季刊
潮瀞季刊	同上	李伯周	季刊

那江季刊	同上	黃仲民	季刊
甘邊學報	同上	黃文禎	半年
錦節自治雜誌	同上	陳劍新	半年
光裕年報	同上	伍躍門	年刊
民魂報	潮州	張和麟	日刊
菜根	同上	丘照初	週刊
金中週刊	同上	翁秀民	週刊
新菁	同上	張和麟	旬刊
二師旬刊	同上	劉耀會	旬刊
朝安縣治安月刊	同上	陳憲民	月刊
光大季刊	同上	林培盧	季刊
海縣商會日報	嘉應	黃壯帆	日刊
梅縣華僑日報	同上	黎曜新	日刊

梅縣日日新聞	同上	熊偉	日刊
梅縣民國日報	同上	陳正繩	三日
梅縣商民週刊	同上	張仲宣	週刊
梅縣教育週刊	同上	鍾撰父	週刊
省立梅州中學月刊	同上	沈毅	月刊
瓊崖民國日報	瓊州	何仁楷	日刊
瓊崖新民日報	同上	陳爲是	日刊
星報	同上	王祿俸	週刊
大同日報	石岐	鄭亦剛	日刊
中山新商報	同上	黃泰弓	日刊
華僑日報	同上	黃晉三	日刊
東鎮半月刊	同上	李紀南	半月
中山弘化特刊	同上	劉承澤	月刊
竹秀園月刊	同上	郭天頌	月刊
谿角月刊	同上	劉鼎勛	月刊
世光學報	同上	馬政成	半年
亭尾年刊	同上	林允良	年刊
公理年報	同上	張志道	年刊
新民月報	開平	周仲拔	月刊
龍溪月刊	同上	鄧愼三	月刊
樓岡月刊	同上	吳坐魯	月刊
五堡月刊	同上	譚功普	月刊
沙岡月刊	同上	張逾范	月刊
譚氏季刊	同上	譚劍英	季刊
崇德衛生月刊	佛山	梁大佛	月刊
精武月刊	同上	梁敎遠	月刊

培德月刊	同上	黃仲凱	月刊
四邑新商報	江門	梁志明	日刊
江門民國日報	同上	李鵬齡	日刊
學祿雜誌	西甯	余仲珊	月刊
風采月刊	同上	葉醴泉	月刊
曲江民國日報	韶州	劉德闓	日刊
七一新刊	同上	陳凱天	週刊
北坑月刊	白沙	黃月屏	月刊
作新季刊	同上	黃仲民	季刊
開平明報	赤磡	譚舜輿	週刊
敦倫月刊	同上	司徒樂	月刊
鶴山雜誌	鶴山	蕭日初	半月
平嶺季刊	同上	沈卓倫	季刊
開鶴六堡旬刊	單水口	鄧介石	旬刊
譚氏季刊	同上	譚篤生	季刊
高州民國日報	高州	周廷勳	日刊
惠州民國日報	惠州	李東星	日刊
雷州民國日報	雷州	梁建勛	日刊
夏陽月刊	長沙	林安予	月刊
兩陽新報	陽江	溫佩根	三日
三江潮	長樂	劉紹廉	半年
龍岡月報	公益埠	朱宗漢	月刊
海安民報	海安	李頌儒	月刊
松濤	松口	崔伯通	半月
恆美月刊	兩渡	李仲韶	月刊
沙頭見聞	沙頭	崔伯通	月刊

報名	地址	編者	刊期
高明民國日報	高明	高明縣公署	日刊
邵邊小學校年刊	邵邊	潘叔融	年刊
新大埔	大埔	大埔縣黨部	旬刊
鶴山嚶嚶錄	沙坪	李照衡	月刊
新小橋報	新會	梁盈福	月刊
恩平公報	恩平	馮馨池	週刊
竹湖月刊	沖蔞	淩垣東	月刊

湖北區

報名	地址	編者	刊期
漢口中西報	漢口	Yang Huan-an	日刊
漢口新聞報	同上	Feng Chu-sun	日刊
漢口日日新聞報	同上	Peng Chien Wen Yen	日刊
漢口公論日報	同上	Wang Tao-to	日刊
清北清鄉日刊	同上	Wan Chi-yung	日刊
武漢商報	同上	Hwang Yu-chien	日刊
晨鐘日報	同上	Su Kung-pu	日刊
進展日報	同上	Chang Pei-sin	日刊
工商白話報	同上	HsiaoYi shan	日刊
湖北民國日報	同上	Kung Tseng-jung	日刊
新民報	同上	Li Shen an	日刊
漢口中山日報	同上	Cheng Yen	日刊
新快報	同上	Wan Ko-chai	日刊
自由西報	同上	I'srunoSchwartz	日刊
美文楚報	同上	H. J. Archibsld	日刊
大紅通訊	同上	Liu Shu-tang	日刊

一德通訊	同上	Ye Hsiang-Jung	日刊
東方通訊	同上	Kangsintsil-ang	日刊
鏡報	同上	Ko Jen-chih	日刊
信義報	同上	Yang Tao-jung	週刊
瀰音週刊	同上	Tu Kuo-hwa	週刊
光大旬刊	同上	Liu Jung-si	旬刊
衛生旬刊	同上	Chow Ti-ku-ang	旬刊
湖北省立第二女子中學校刊	同上	Li Yi Sheng	半月
半月刊	同上	Wang Shiu-min	半月
漢平新語	同上	James Gordon Djang	月刊
萬國儲蓄會報	同上	Kwo Li&chun	月刊
中法儲蓄會報	同上	Chu Hwang	月刊
中華基督教會月刊	同上	Chen Chung-ieo	月刊
中華基督教會兩湖月刊	同上	Wei Chung	月刊
漢口日本商工會議所月報	同上	Tso Teng KuoChih-chu	月刊
中華護士季報	同上	Victoria Pon	季刊
湖北省政府公報	武昌	Hsiao Chung-ki	週刊
湖北教育行政週刊	同上	Hupeh Education Bureau	週刊
鄂北清鄉週刊	同上	Hu Shoun chen	週刊
中華週刊	同上	Hu Tsung chen	週刊
指導週刊	同上	Sun Chinge	週刊
湖北清鄉旬刊	同上	Lu Yuechuy an	旬刊
半月刊	同上	Han Chiao-min	半月
餘波半月刊	同上	Chow Tsunge wen	半月
湖北教育公報	同上	HupehEducation Bureau	週刊
清鄉標語	同上	Wan Ching uuna	週刊

清都標畫	同上	*Wan Chin yung*	週刊
湖北黨務指導月刊	同上	*Lu Wei Chuh*	月刊
湘鄂鐵路公報	同上	*Fang Tat chih*	月刊
湖北省立第三小學校校刊	同上	*School Committee Monthly*	月刊
湖北建設月刊	同上	*Wang Si& ping*	月刊
彝陵日報	宜昌	*T'eng O hao*	日刊
繁華報	同上	*Jan Punting*	日刊
革新通訊	同上	*Jan Pu&ting*	日刊
鄂北民國日報	襄陽	*Wu Tseng*	日刊
鄂北通訊	同上	*Chang Min& suan*	日刊
蘄春日報	蘄州	*Chang Kyeig feng*	日刊
新漢川日報	漢川	*Liu Weu& ping*	日刊

■山東區

報名	地址	編者	刊期
濟南日報	濟南	立石登	日刊
平民日報	同上	王伯州	日刊
齊美報	同上	魯岐山	日刊
山東商務日報	同上	吳日儒	日刊
簡報	同上	李仲明	日刊
如意報	同上	張篤廷	日刊
歷城的黨	同上	張照溪	週刊
達社旬刊	同上	吳倩薌	旬刊
哲報	同上	杜默清	旬刊
濟南青年	同上	張仲勉	半月

道德雜誌	同上	杜默靖	月刊
山東中華基督教會季刊	同上	陳道輝	季刊
齊魯醫刊	同上	Dr. P. L. Mcall	季刊
青島時報	青島	王子雲	日刊
中華商報	同上	張振西	日刊
新民日報	同上	伊筱農	日刊
新中國	同上	吳炳宸	日刊
青島新報	同上	馬場讓	日刊
大青島報	同上	久慈寬	日刊
膠東新聞	同上	中島勇一	日刊
山東興信所報	同上	吉村榮之	日刊
山東通信	同上	岡伊太郎	日刊
膠澳通信	同上	陳尤我	日刊

青島新聞通信	同上	張皓隱	日刊
中華英文正報	同上		月刊
膠澳公報	同上	蔣桓	半週
愛國週刊	同上	張劍初	週刊
青大旬刊	同上	徐匯濬	旬刊
大陸美術評論	同上	松本勇七	月刊
統計月報	同上	島津忠男	月刊
芝罘日報	芝罘	王宗儒	日刊
鐘聲報	同上	丁訓初	日刊
愛國報	同上	王夢漁	日刊
明星報	同上	丁訓初	日刊
晨光報	同上	袁潤甫	月刊
青年月刊	同上	王震東	月刊

平民千字報	同上	王洗凡	半月
山東民報	泰安	劉東侯	日刊
晨光	同上	任筱青	日刊
平言日報	同上	薛方齊	日刊
青天白日	同上	趙昉	日刊
國民新聞	同上	趙昕初	日刊
中華通信	同上	范滋生	日刊
山東新聞	同上	小川雄之	日刊
經濟通信	同上	大塚立作	日刊
建設通信	同上	省政府	半週
山東教育行政週刊	同上	教育廳	週刊
新生週刊	同上	徐靜之	週刊
山東省政府公報	同上	省政府	週刊
民衆之路	同上	省黨部	半月
同文	同上	打出重治郎	月刊
魯北新聞	武定	劉梅齋	日刊
武定民聲	同上	王筱凡	日刊
民報	兗州	韓復善	日刊
瑯琊日報	同上	王廷珍	日刊
婦女光	同上	劉菊溪	半月
幹	定陶	李光亞	週刊
巴陽旬刊	同上	王子郁	旬刊
威海午報	威海衛	陳乾翼	日刊
善言報	禹城	王文傑	二日
導報	東昌	劉培響	三日
五日刊	菏城	劉中孚	五日

國民週報	臨清	朱輔宸	週刊
新郯城	郯城	宣傳部	週刊
新聲週報	平原	崔恩堂	週刊
莒縣青光	諸城	盧秉之	週刊
新曹縣	曹縣	劉道源	週刊
霹靂週報	濮州	崔憲家	週刊
奮鬥	鄆縣	趙滋民	旬刊
基督徒祈禱環近聲	掖縣	鄭允強	半年

■浙江區

報名	地址	編者	刊期
民國日報	杭州	胡健中	日刊
國民新聞	同上	徐德林	日刊
浙民日報	同上	朱章寶	日刊
浙江商報	同上	陸佑之	日刊
日日新聞	同上	吳經伯	日刊
浙江省政府公報	同上	陳宜慈	日刊
杭州市報	同上	程佩照	日刊
生春時報	同上	沈子良	六日
浙江大學教育週刊	同上	蔣夢麐	週刊
國立藝術院週刊	同上	藝術院	週刊
勞農學院週刊	同上	孫信	週刊
三三醫報	同上	裘吉生	旬刊
農林報	同上	厲嘉鶚	週刊
杭州青年	同上	董承光	週刊
婦女旬刊	同上	張儷娟	旬刊

綢商旬刊	同上	魯寓塵	旬刊
衛生導報	同上	毛　咸	旬刊
亞波羅	同上	藝術院	半月
浙江民政月刊	同上	民政廳第四科	月刊
兩浙鹽務月刊	同上	運署第一科	月刊
新生命	同上	施煜芳	月刊
警務月刊	同上	市公安局二科	月刊
工學院月刊	同上	倪徵庸	月刊
杭聲月刊	同上	阮其煜	月刊
廣濟醫刊	同上	阮其煜	月刊
建設月刊	同上	程振鈞	月刊
中醫協會月刊	同上	湯士彥	月刊
郵票新聞	同上	張包子毅	二月
藥報	同上	朱內光	季刊
四明日報	寧波	汪北平	日刊
時事公報	同上	鄔一蝶	日刊
民國日報	同上	楊效春	日刊
市政月刊	同上	徐　深	月刊
中醫新刊	同上	莊雲廬	月刊
弘法社刊	同上	寶靜法師	月刊
民國日報	紹興	何志豪	日刊
紹興新聞	同上	孫望成	日刊
醫藥月報	同上	謝杏田	月刊
國民新聞	諸暨	駱子駿	兩日
衢民日報	衢州	舒子春	日刊
青白日報	同上	李春芳	日刊

富陽日報	富陽	孫一峯	日刊
椒江民報	海門	柯蕭魂	日刊
新湖聲	湖州	吳養長	日刊
湖聲日報	同上	錢韶聲	日刊
黃巖商民報	黃巖	楊晢我	兩日
青白之花	同上	張 達	兩日
嘉興商報	嘉興	袁鳳子	日刊
嘉興民報	同上	吳擁伯	日刊
金華新聞	金華	葉 秋	五日
蘭谿民國週報	蘭谿	何星瑞	週刊
上虞聲	上虞	朱雲樓	三日
農林報	蕭王廟	孫道生	週刊
硤報	硤石	許 雲	日刊
硤石商報	同上	吳雨耕	日刊
硤石農報	同上	韓友仁	日刊
硤石醫藥報	同上	孫運茄	半月
停雲月刊	停雲	章子源	月刊
新甌潮	溫州	項 虬	日刊
甌海公報	同上	王雲龍	日刊

安徽區

報名	地址	編者	刊期
新皖鐸報	安慶	張耀宣	日刊
民言報	同上	吳諨航	日刊
商報	同上	繆紹泉	日刊
民國日報	同上	李蔚唐	日刊

安徽時事新聞日刊	同上	胡焜	日刊
民衆晚報	同上	汪梅	日刊
國民晚報	同上	陳震	日刊
正誼通訊	同上	文質夫	日刊
建設通訊	同上	張耀宣	日刊
大同通訊	同上	盧猶龍	日刊
和平通訊	同上	殷建吾	日刊
建白通訊	同上	吳建白	日刊
安徽大公通訊	同上	丁遜予	二日
安徽工商新聞通訊	同上	劉玉山	每週二次
安徽政治公報	同上	王治揆	三日
安徽教育週刊	同上	黃世農	週刊
革新旬刊	同上	陳東原	旬刊
民衆之友	同上	張國喬	月刊
蕪湖民國日報	蕪湖	舒仁文	日刊
工商日報	同上	張九皋	日刊
皖江日報	同上	譚秉鑑	日刊
蕪湖六點鐘晚報	同上	洪雪樵	日刊
國貨週報	同上	汪履函	週刊
蕪鐘校刊	同上	馬振堯	二週
淮民導報	蚌埠	賈治英	日刊
合肥民報	廬州	李雲非	日刊
民聲報	同上	胡洗如	日刊
太和通信	太和	張嘯林	日刊
導報社	滁州	江漢修	日刊
民國日報	靈璧	田敏齋	日刊

□東川區

報名	地址	編者	刊期
新蜀報	重慶	彭大年	日刊
商務日報	同上	李時輔	日刊
四川團務日報	同上	郭湘帆	日刊
重慶民報	同上	劉翌叔	日刊
西南	同上	高漁洋	日刊
渝江日報	同上	沈今非	日刊
渝江捷報	同上	沈式金	日刊
新時通訊	同上	陳銘德	日刊
革新通信	同上	李佛航	日刊
四川通信	同上	程文淵	二日
長江通信	同上	劉澤之	三日
啓民通信	同上	劉禹謨	三日
重慶嘉陵江通信	同上	張澧郡	三日
人道通信	同上	李仲輿	四日
西方通信	同上	涂知白	五日
渝北通信	同上	柏春閫	五日
覺民通信	同上	慕開銓	五日
益民新聞	同上	曾耀先	五日
民國畫報	同上	羅靜波	五日
四川崇實通信	同上	李克顯	五日
川鹽特刊	同上	黃雲漢	五日
崇實報	同上	古洛東	週刊
重慶青年	同上	駱紹初	週刊

平民之光	同上	張子黎	週刊
反日特刊	同上	張仲胼	週刊
重慶中華通信	同上	劉國華	週刊
中國通信	同上	文郁周	週刊
維新通信	同上	李公達	週刊
重慶新文化	同上	劉宗華	週刊
羣聲通信	同上	涂紹六	週刊
粉江通信	同上	李思杰	週刊
福民通信	同上	雷治初	週刊
建國旬刊	同上	王笠僧	旬刊
弘道	同上	王烈光	旬刊
川康藏協進會畫報	同上	楊叔明	半月
革命半月刊	同上	王克鈞	半月

商埠月刊	同上	謝　璋	月刊
國民革命軍第廿一軍總理監察委員會會務報告	同上	郭宗武	日刊
嘉陵公報	順慶	蕭達音	日刊
嘉陵江刊	同上	袁伯堅	日刊
南通縣立中校特刊	同上	吳時英	週刊
實業半月刊	同上	任筱莊	半月
四川嘉陵女子師範學校特刊	同上	劉斯篤	半月
合州合力新聞	合州	周素馨	三日
新合川	同上	胡南光	週刊
士兵週刊	同上	李有劍	週刊
來森	同上	易朝珠	週刊
學務旬刊	同上	高驤衢	旬刊
合川實業旬刊	同上	盧志林	旬刊

道路旬刊	同上	譙欲問	旬刊
綏定團務週刊	綏定	楊子淵	週刊
達縣市政旬刊	同上	葉濟瀾	旬刊
達縣實業半月刊	同上	吳儒諫	半月
綏定聯中學生會刊	同上	潘永泰	半月
白刃週報	江津	易秋潭	週刊
國民消息通信	同上	同上	週刊
國民半月刊	同上	同上	半月
書報	同上	同上	半月
萬縣商埠日報	萬縣	王秉君	日刊
萬州通信	同上	袁志韓	日刊
南浦新聞	同上	胡泮	五日
軍聲週刊	同上	葉吟垓	週刊
軍育週刊	同上	葉雲階	週刊
國民革命軍第十二軍軍事政治學校校刊	同上	王興智	半月
萬縣馬路月刊	同上	楊裕昆	月刊
萬縣商埠月刊	同上	袁樂一	月刊
新銅梁集刊	銅梁	劉春霆	三日
市政週刊	同上	張子文	週刊
勸業週刊	同上	羅世輔	週刊
銅梁旬刊	同上	黃樹玉	旬刊
廣益通信	廣安	蕭達音	四日
廣安通俗半月刊	同上	李芳芬	半月
永川通信	永川	鍾虞階	週刊
永川黨務旬報	同上	黃策安	旬刊
永川中校旬刊	同上	陳鐸農	旬刊

鳴社	同上	余光明	半月
渠縣通俗教育月刊	渠縣	王臨軒	月刊
渠縣實業半週刊	同上	李遂仙	週刊
璧山黨務週刊	璧山	楊特武	週刊
璧山國民週刊	同上	劉濬	週刊
教育叢刊	同上	黃秉禮	月刊
商務週刊	酆都	董豁然	週刊
酆都市政	同上	黃裳	三日
鄰水旬刊	鄰水	余旭	旬刊
通俗教育館旬刊	定遠	楊幹	旬刊
墊江週刊	墊江	徐香谷	週刊
蓬安旬刊	蓬安	陳穎川	旬刊
巴中政務旬刊	巴州	邱中豐	旬刊

彭水民報	彭水	謝仁輔	週刊
銅梁安居市旬刊	安居	謝宗之	旬刊
大足路政週刊	大足	龍均三	週刊
大竹週刊	大竹	楊紹清	週刊
長明報	長壽	余光閭	三日
江北縣勸業半月刊	江北	封昌憲	半月
岳池週刊	岳池	周崇湘	週刊
潼南通俗	東安	廖維新	週刊
涪州市政週刊	涪州	蕭康達	週刊
瀘江日報	瀘州	劉鐵秋	日刊
夔州民報	夔州	周瀚澄	三日
前鋒	合江	范子英	週刊

西川區

報名	地址	編者	刊期
國民公報	成都	向天厚	日刊
四川日報	同上	楊輯五	日刊
成都快報	同上	楊化成	日刊
新四川日刊	同上	王蜀瑨	日刊
新川報	同上	陳銘德	日刊
民視日報	同上	李廷俊	日刊
九五日報	同上	歐陽輯光	週刊
民生日報	同上	袁奉樵	週刊
民力日報	同上	孫碧城	週刊
成都大同日報	同上	陶天放	週刊
國民日報	同上	楊西園	週刊
聯團日報	同上	楊卓勳	週刊
四川商聯日報	同上	林君彌	週刊
成都醒民日報	同上	馬醴泉	週刊
指導日刊	同上	楊露	週刊
青白日報	同上	陳敦五	週刊
反日日刊	同上	姜毓桀	週刊
白日新聞	同上	陳夢雲	週刊
益聞通信	同上	周素薰	週刊
西陲通信	同上	賴鼎立	週刊
革命週報	同上	陳思孝	週刊
藝林週報	同上	黃夢庵	週刊
成都縣黨務週刊	同上	成都黨務指委會	週刊

政治旬刊	同上	蕭鵬基	旬刊
政治旬刊	同上	國民革命軍第廿九軍政治部	旬刊
西川聯團旬刊	同上	張聯奎	旬刊
革命軍	同上	政治訓練部	旬刊
烈日	同上	張孟才	旬刊
劇覺旬刊	同上	喻俠吾	旬刊
佛教旬刊	同上	聖　欽	旬刊
通俗教育半月刊	同上	楊吉甫	半月
錦江公學	同上	黎輝朗	半月
國化基督教半月刊	同上	唐波澂	半月
巴中縣旅省學會會刊	同上	巨家樹	半月
華大校刊	同上	何文俊	半月
瀘陽	同上	王光祥	半月
上遊	同上	二十八軍編纂委員會	月刊
互助月刊	同上	王澳侯	月刊
成都市市政府公報	同上	劉燕謀	月刊
資陽旅省學刊	同上	陳文馥	月刊
實慈月刊	同上	朱幸覺	月刊
進取月刊	同上	吳正德	月刊
廣安旅省學會會刊	同上	鄭守述	月刊
心波	同上	喬鳳高	月刊
德陽旅省學會會刊	同上	劉歷樂	月刊
四川實業公報	同上	實業廳	月刊
振華月刊	同上	舒君實	月刊

遂話月刊	同上	龍有富	月刊
平民教育月刊	同上	蒲賓虞	月刊
希望月刊	同上	*R. O. Jolliffe*	月刊
大足之聲	同上	朱時光	季刊
梁山旅省學會會刊	同上	蕭作賓	半年
大竹留省學會會刊	同上	陳燮齊	半年
清道導報	同上	鐵諫封	不定期
通俗旬刊	雙流	熊忠杰	旬刊
新雙流報	同上	宋韻波	半月
雙流縣實業月刊	同上	張綸	月刊
遂甯縣涪江報	遂甯	高定淵	日刊
涪江通信	同上	梁常春	週刊
遂甯縣黨務旬刊	同上	彭足三	旬刊
遂甯半月刊	同上	陳最清	半月
閬中旬刊	保甯	雷致和	旬刊
保甯教育旬刊	同上	吳階平	旬刊
閬中縣立中學校刊	同上	閬中中學	月刊
三台市政週刊	潼川	孫爾康	週刊
藝光週刊	同上	黃溎銓	週刊
靈泉通信	同上	蔣特生	週刊
政治旬刊	同上	蔣特生	旬刊
國民革命軍第廿九軍軍事政治學校校刊	同上	雷雨琴	旬刊
三台教育旬刊	同上	劉錫岑	旬刊
血花刊	同上	李哲生	半月
富順國民黨週刊	富順	馬策呈	週刊
富順市通俗教育週刊	同上	黃文傑	週刊

富順週刊	同上	陳犢生	週刊
富順國民週報	同上	朱之樵	週刊
南六通信	連筠	黃雨巖	三日
筠連市旬刊	同上	陳天一	旬刊
高州新通信	高縣	嚴燭之	週刊
高縣黨務旬刊	同上	徐以學	旬刊
高縣勸業社刊	同上	周相臣	半月
南部縣市政旬刊	南部	市政局	旬刊
政治旬刊	同上	吳茂東	旬刊
梓潼旬刊	梓潼	史象熒	旬刊
新梓潼	同上	張一峯	半月
嘉棓通信	綿州	劉伯顏	日刊
政治週刊	同上	蒲殿欽	週刊

桂湖通信社旬刊	新都	陳子英	旬刊
新都實業月刊	同上	孟雲勛	月刊
新都月刊	同上	陳曉嵐	月刊
血花	資州	呂寒潭	週刊
四川省立第六學校校刊	同上	柴斯可	週刊
自貢策進週報	自流井	鍾樹聲	週刊
自貢學生	同上	鄭自堂	四週
榮鐘	榮縣	榮縣學生聯合會	週刊
反日	同上	周活歧	週刊
內江教育週刊	內江	鄭果	週刊
內江黨務旬刊	同上	內江縣黨部	旬刊
民衆教育	崇慶	張桐溪	日刊
崇慶黨務週刊	同上	崇慶縣黨部指委會	週刊

鹽亭旬報	鹽亭	杜漢三	旬刊
合作	射洪	羅守愚	半月
井研旬刊	井研	程體明	旬刊
引導	中壩	國民革命軍第廿九軍政治部	旬刊
中江縣政旬刊	中江	鄧英三	旬刊
南溪勸業半月刊	南溪	南溪實業局	半月
洛潮	什邡	林熾光	季刊
廣元縣黨部半月刊	廣元	白漢三	半月
温江旬報	温江	何學章	旬刊
樂至旬刊	樂至	蔡西逸	旬刊
資陽週刊	資陽	瞿國華	週刊
嘉陽週刊	嘉定	姜傑生	週刊
繁聲旬刊	新繁	劉伯言	週刊
政訓旬刊	甯遠	陳光普	旬刊
嘉眉資屬旬刊	仁壽	廖次山	旬刊
江源	敘州	李子瑾	三日
黨務週刊	榮陽	榮縣黨務指導委員會	週刊

【】新疆區

報名	地址	編者	刊期
新疆公報	迪化	省政府	月刊

【】山西區

報名	地址	編者	刊期

晉陽日報	太原	張輔軒	日刊
并州新報	同上	郭秀峯	日刊
唐風報	同上	楊運甫	日刊
山西日報	同上	徐一鑑	日刊
山西新民日報	同上	姚子升	日刊
民話	同上	張晳我	日刊
革命軍日報	同上	潘鐵民	日刊
山西黨報	同上	徐步高	日刊
來復報	同上	仵望生	週刊
晉民自治週刊	同上	董介春	週刊
沁源週刊	同上	李紹[illegible]	週刊
商人週報	同上	馮勵百	週刊
富強週報	同上	荆虛心	週刊

小學教育	同上	朱啓寰	週刊
小孩報	同上	荆虛心	週刊
革命週報	同上	石　鯤	週刊
山西一中週刊	同上	李　汾	週刊
陽曲黨務週刊	同上	武選賢	週刊
先鋒	同上	王則鼎	週刊
山西黨聲	同上	石鍾秀	旬刊
山西教育公報	同上	郭崇真	半月
天真報	同上	孟修儒	半月
山西學生	同上	霍善青	月刊
山西商業雜誌	同上	盧人哲	月刊
法政月刊	同上	師孔彰	月刊
區村政月刊	同上	趙玉楷	月刊

電友月刊	同上	李季清	月刊
山西政報	同上	王賜餘	月刊
山西省政公報	同上	王賜餘	月刊
醫學雜誌	同上	趙意空	二月
太原青年	同上	姚石庵	季刊
采社雜誌	同上	樊汝玉	半年
鐸聲	同上	王百軒	年刊
星期報	同上	孫衣山	週刊
谷聲	同上	白序之	季刊
半夜鐘	同上	張德生	四月
銘賢校刊	同上	孔祥熙	半年
長治週報	潞安	常映斗	週刊
祁縣黨報	祁縣	張子繩	週刊
雁北教會月刊	天鎮	朱泰	月刊
河東黨聲旬刊	運城	馮大轟	旬刊
昔陽週報	陸平	劉雲柱	週刊
曲沃黨聲旬刊	曲沃	陳寶全	旬刊
巡風旬刊	晉州	王緯	旬刊
友誼日刊	汾州	郭道中	月刊

吉黑區（中文報紙類）

報名	地址	編者	刊期
濱江日報	哈爾濱	趙郁卿	日刊
東三省商報	同上	葉光寧	日刊
市報	同上	劉光烈	日刊
國際協報	同上	張復生	日刊

濱江晨報	同上	趙逸民	日刊
濱江時報	同上	范介卿	日刊
公報	同上	李錫三	日刊
大北新報	同上	山本久治	日刊
日日新聞	同上	佐藤四郎	日刊
華東通信	同上	陳紀揚	日刊
哈爾濱通信	同上	大川周三	日刊
東方通信	同上	三田雅谷	日刊
帝國通信	同上	細谷清	日刊
露西亞通信	同上	近藤義晴	三日
濱江市政週刊	同上	市政府	週刊
路警週刊	同上	王佩辰	週刊
青年會週刊	同上	竜星門	週刊
東省鐵道運輸公司週刊	同上	東省鐵道運輸公司	週刊
警察週刊	同上	王丕承	週刊
華北月報	同上	楊筱舟	月刊
東省經濟月報	同上	葉國光	月刊
改進月刊	同上	梅毓麟	月刊
市政月刊	同上	朱清培	月刊
濱東月刊	同上	龐秋岩	月刊
經濟時報	同上	秋野中一	月刊
東省日報	吉林	三橋政明	日刊
松江新聞	同上	三橋政明	日刊
吉長日報	同上	顧　植	日刊
吉林通信	同上	初兆聲	二日
毓文週刊	同上	何教堂	週刊

警團公報	同上	葉廣釗	週刊
實業旬刊	同上	包文英	週刊
吉林通俗教育月刊	同上	梁宗興	月刊
衛生月刊	同上	孫紹唐	月刊
模範小學校刊	同上	佟辜章	月刊
平民教育	同上	于化鯤	月刊
戲曲月刊	同上	李紹虞	月刊
通俗教育	齊齊哈爾	危善卿	日刊
黑龍江報	同上	魏毓蘭	日刊
黑龍江公報	同上	張榮祺	四日
教育公報	同上	教育廳	月刊
黑龍江警察公報	同上	何文埜	月刊
東三省時報	長春	王綸章	日刊

大東日報	同上	翟戰一	日刊
北滿日報	同上	箱田琢磨	日刊
自强月刊	同上	李紹伊	半月
間島新報	龍井村	飯琢政之	日刊
間島日報	同上	鮮干日	日刊
民聲報	同上	安世俊	日刊
間島通信	同上	史廷德	週刊
黑河日報	大黑河	聶典勛	日刊
自治月刊	林城	劉祖深	月刊

■ 吉黑區 (西文報紙類)

(Name of Newspaper)	(Where pnblished)	(Editor's name)	(Freqnency)
Novasti Jvznix	Harbin	S. R, Cherniaesky	Daily
Roubej	,,	E. S. Kaufman	Weekly
Lastochka	,,	A. J. Boniloff	Half-monthly
Unost	,,	J. N. Kootinenko	,,
Panfulzeto	,,		,,
Lu Ya Shih Pao	,,		Monthly

■ 湖南區

報名	地址	編者	日期
湖南國民日報	長沙	黃庭蔭	日刊
湖南通俗日報	同上	黃維國	日刊
全民日報	同上	崇華南	日刊
清鄉三日刊	同上	易家鉞	三日
黨光週刊	同上	曾鐵忱	週刊

湖南省政府公報	同上	王 霦	週刊
共信週刊	同上	張鏡知	週刊
長沙清鄉旬刊	同上	鄧 濩	旬刊
精進	同上	唐飯章	旬刊
湖南清鄉公報	同上	易蘆竹	半月
指導	同上	羅介夫	月刊
湖南建設月刊	同上	建設廳	月刊
湖南鑛業總會特刊	同上	李鳴岐	日刊
湘潭民報	湘潭	侍鼎羅	日刊
湘潭特刊	同上	成嘉森	三日
湘潭教育週刊	同上	朱爲煊	週刊
芥子	同上	文南斗	月刊
衡陽民衆日報	衡州	劉餘三	日刊

衡嶽日報	同上	夏培基	日刊
衡陽日報	同上	張若渊	日刊
衡陽通俗報	同上	屈 軼	日刊
三民日報	同上	胡光煊	日刊
湖南平報	常德	黃別奴	月刊
湖南日報	同上	勞必漁	日刊
沅湘日報	同上	劉在復	日刊
常德通信報	同上	鹿鴻謨	三日
軍聲	同上	陳善周	半月
桃源通俗報	桃源	李 濱	日刊
寗鄉通俗報	寗鄉	廖日章	週刊
中西評論週報	鳳凰	唐文選	週刊
湘陰通俗報	湘陰	仇 輿	三日

南縣週刊	南州	高禮五	週刊
沅江民報	沅江	蔡集勳	週刊
衡山週刊	衡山	曹琦	週刊
茶陵通俗報	茶陵	彭國棟	三日
零陵通俗報	永州	李復則	日刊
攸縣通俗三日報	攸縣	陳健民	三日
祁陽縣民報	祁陽	袁綏邦	三日
平江通俗三日報	平江	張澤厚	三日
邵陽通俗教育旬刊	寶慶	陳楚奇	旬刊
漢壽民報	漢壽	龔羣欣	五日
來陽民報	來陽	匡慕衡	三日
澧縣民報	澧州	周仁術	三日
道縣通俗報	道州	許鼎貢	三日

◎福建區

報名	地址	編者	刊期
正報	福州	林平	日刊
南聲日報	同上	張綺園	日刊
南強日報	同上	陳深	日刊
南洋先驅日報	同上	吳翼朗	日刊
國民新聞	同上	魏阿菊	日刊
女聲新聞	同上	萬月墀	日刊
求是日報	同上	梁道鈞	日刊
福建民國日報	同上	馬式村	日刊
南聲日報	同上	林鵬南	日刊
新民日報	同上	陳公挂	日刊

閩報	同上	中山寬大郎	日刊
福州時報	同上	中山寬大郎	日刊
民鐸通信	同上	王昴	日刊
福建電訊	同上	史家麟	日刊
福建黨務指導委員通信	同上	省黨部	日刊
福建時事通信	同上	魏謗	日刊
南强通信	同上	陳健起	日刊
益羣羣信	同上	陳深	日刊
市聞通信	同上	王昴	日刊
全閩新聞	同上	林述如	日刊
福州導民通信	同上	王茀康	日刊
閩潮通信	同上	陳森瑞	日刊
福建大同通信	同上	李元	日刊

三山通信	同上	鄭頤年	日刊
福建努力通信	同上	鄧磊夫	日刊
福建民言通信	同上	李惠民	日刊
福建臨時省政府公報	同上	政務委員會	半週
三五半週刊	同上	嚴繼審	半週
三民週報	同上	陳宗麒	週刊
福建青白評論	同上	陳逸秋	週刊
福建合作週刊	同上	梁吉八	週刊
黎民週刊	同上	林天蘭	週刊
教育週刊	同上	教育廳	週刊
革命法學週刊	同上	翁洪	週刊
福建民政週報	同上	民政廳	週刊
榕鏑週報	同上	陳震忠	週刊

新福州週報	同上	林培福	週刊
新閩侯週報	同上	鄭子樞	週刊
閩侯建設週刊	同上	建設局	週刊
青白週刊	同上	郭偉	週刊
閩潮	同上	江鼎伊	週刊
福建評論	同上	陳君星	週刊
新甯週報	同上	葉培山	週刊
醒社半月刊	同上	陳觀斗	半月
教育公報	同上	薩孟武	月刊
座堂公報	同上	林步葉	月刊
福建民政月刊	同上	福建民政委員會	月刊
協進公刊	同上	陳永恩	月刊
閩鹽月報	同上	李宿作	月刊
新潮月報	同上	丁載民	月刊
社會月報	同上	薩孟武	月刊
福州僑務公報	同上	福建僑務委員會	月刊
江聲日報	廈門	陳三郎	日刊
廈門民國日報	同上	林幸福	日刊
思明報	同上	黃鶚弈	日刊
全閩日報	同上	徐炳勛	日刊
通俗教育社週刊	同上	謝雲聲	週刊
集美學校週刊	同上	葉淵	週刊
漳州民報	漳州	黃耀魁	日刊
漳潮日報	同上	黃澄淵	日刊
龍溪新民報	同上	章無涯	日刊
劍潮週刊	延平	王雲生	週刊

新南平旬刊	同上	陳瘦愚	旬刊
仙遊報	仙遊	曾少豪	週刊
仙遊縣中半月刊	同上	黃翼	月刊
惕報	興化	鄭笑白	週刊
羣言報	同上	任爾遊	週刊
民鐘日報	古浪嶼	林允諧	日刊
道南報	同上	葉谷虛	週刊
惠聲旬刊	同上	賀止水	旬刊
民治報	永春	吳梅影	週刊
三民週刊	同上	陳超凡	週刊
崇道報	同上	賀爲理	週刊
潯潮	同上	盧其英	月刊
黨務週刊	泉州	丘戚	週刊
民衆週刊	同上	莊漢民	週刊
涵江商報	涵江	陳亞興	週刊
莆陽醒報	同上	陳登泮	週刊
天眞半月刊	上杭	謝香苑	半月
上杭求是學校月刊	同上	郭尙平	月刊
社會評論	馬尾	陳議昭	半月
製造	同上	巴玉藻	三月
連江旬刊	連江	陸雲翔	旬刊
浦城縣地方自治籌備會月刊	浦城	祝伊復	三月
奮進週刊	建寧	楊俊德	月刊
文新月刊	邵武	曾蔚文	月刊
小說週報	同安	謝家楨	週刊
開步走週刊	南靖	林景亮	週刊

黨務週刊	甯德	吳運運	週刊
革命週刊	龍巖	鄧子恢	週刊
新建陽旬刊	建陽	鄭愚如	旬刊

■陝西區

報名	地址	編者	刊期
新秦日報	西安	顧獻廷	日刊
中山日報	同上	張雋青	日刊
陝西省政府公報	同上	省政府	日刊
陝西通信	同上	王淡如	日刊
小言兩月報	同上	何受孫	二日
教育通信	同上	教育廳	五日
中山畫報	同上	國聯司令部	週刊
財政週刊	同上	財政委員會	週刊
民政週報	同上	安壽山	週刊
民政廳畫報	同上	民政廳	週刊
陝西教育週刊	同上	教育廳	週刊
平民教育週刊	同上	平民教育廳	週刊
政治報告	同上	教育廳	週刊
漢中週報	同上	王志遠	週刊
奮進週刊	同上	停刊	週刊
建設旬刊	同上	建設廳	旬刊
平民	同上	停刊	月刊
國民軍週報	同上	停刊	月刊
國民軍政報	同上	停刊	月刊
星星文藝報	同上	停刊	月刊

西北人民	同上	停刊	月刊
一中旬刊	同上	停刊	月刊
革命先鋒	同上	停刊	月刊
革命畫報	同上	停刊	月刊
北伐簡報	同上	停刊	月刊
中山主義研究社刊	同上	樵自修	月刊
陝西教育月刊	同上	羅端先	月刊
佛化特刊	同上	佛教會	月刊
建設月刊	同上	建設廳	月刊
陝西省政府行政月刊	同上	省政府	月刊
猛進報	同上	民政廳	月刊
石泉政聞	石泉	教育會	半月

廣西區

報名	地址	編者	刊期
工商報	梧州	Ch'en Pah-siang	日刊
梧州民國日報	同上	Hnang Yun-gfang	日刊
梧州市遊	同上	Chou Hsue-shen	日刊
藝場日刊	同上	Huang Chi-enming	日刊
廣西通信	同上	Hsu Chench'ih	日刊
蒼中特刊	同上	Sŭ Min	週刊
廣西學生旬報	同上	Wang Chiao	旬刊
黨化教育	同上	Li Jungch'ing	半月
中國紅十字會梧州分會月刊	同上	Li Chia-chi	月刊
梧州市政公報	同上	Wuchow Municipal Government	月刊

桂林教育日報	桂林	Yang Po t'iao	日刊
桂林民國日報	同上	Yang K'otseng	日刊
建設日報	同上	Wei Shouhua	日刊
桂林學生聯合會三日刊	同上	Min Cheng T'ing	三日
少年法政	同上	Liu Lieusheng	旬刊
永福月刊	同上	Paklow Hsien	月刊
新二師	同上	Tang Pu	月刊
桂林西鄉學友會季刊	同上	Huang Ts'ai chun	季刊
蒼梧道留桂學會季刊	同上	Pokpak Hsien	季刊
南甯民國日報	南甯	Pao Kung han	日刊
通俗教育報	同上	Hu Jan	日刊
劍光	同上	T'ang Shao-ching	旬刊
新廣西旬報	同上	Ou Ming Hao	旬刊
廣西教育	同上	Ch'en Ch'u T'ing	旬刊
廣西公報	同上	Hsu Shao shou	旬刊
廣西教育公報	同上	Chien She T'ing	半月
電報月刊	同上	P'eng Chih jen	月刊
財政月刊	同上	Hsia Han hua	月刊
建設叢刊	同上	Ch'en Ying K'o	月刊
廣西民政月刊	同上	Li Wei	月刊
懷集之聲	懷集	Su Ch'ung P'o	週刊
懷中週報	同上	Chiao Yu T'ing	週刊
田南黨務日刊	百色	Tung Pu	日刊
田南半週刊	同上	Chiao Yu T'ing	三日
柳州民國日報	柳州	Hou Ju hsiang	日刊
一師政訓週刊	同上	P'an Chu ming	週刊

鬱林黨光週刊	鬱林	Ho Pan Chang	週刊
撫康雜誌	同上	Ch'en Liang	半年
繡江雜誌	容縣	Yang ta-tso	半年
悟羣雜誌	同上	Chin Hsiu Hsueh Hui	年刊
永淳黨聲週刊	永淳	T'ang Pu	週刊
永淳黨化週刊	同上	Li Wen hsiung	週刊
北流公報	北流	Wang Yen nan	週刊
民聲週報	瓊州	T'ang Chang	週刊
民生旬刊	荔浦	Chiu Jo Li	旬刊
生路旬刊	興安	Hingan Si Hsieh	旬刊
民國週刊	灌陽	Mo Lyuog	週刊
箭道週刊	平馬	Wen Yung-tsiang	週刊
鎮南週刊	龍州	Wei Chimin	週刊
蒙山旬刊	永安	inChu Chjengyu	旬刊
民衆旬刊	岑溪	Hsiao Shaomei	旬刊
黨務旬刊	博白	Tsai Cheng T'ing	旬刊

▣江西區

報名	地址	編者	刊期
新聞日報	南昌	張潤藻	日刊
江西晚報	同上	楊繼武	日刊
工商日報	同上	萬鈺	日刊
民國日報	同上	省黨部	日刊
新贛南日報	同上	鍾祝三	日刊
中山日報	同上	文賢榮	日刊
江西通信	同上	省黨部	日刊

策進通信	同上	省政府	日刊
江西通俗教育報	同上	鄧林材	週刊
本週宣傳大綱	同上	姜伯彰	週刊
一週時事述評	同上	姜伯彰	週刊
策進週刊	同上	省政府	週刊
政府公報	同上	省政府	週刊
警察週刊	同上	藍仰相	週刊
劍聲	同上	周樂山	週刊
江西教育旬刊	同上	教育廳	旬刊
白光畫報	同上	吳懋政	旬刊
市政月刊	同上	市政府	月刊
教育月刊	同上	程環	月刊
訓政之路	同上	吏治訓練所	月刊
工專月刊	同上	祝元青	月刊
江西土地月刊	同上	熊闢周	月刊
江西高等法院公報	同上	張孚甲	月刊
江西建設月刊	同上	建設廳	月刊
九江日報	九江	陳覺民	日刊
九江民國日報	同上	楊茂	日刊
九江潮報	同上	鍾南	日刊
九江塵報	同上	傅復生	日刊
九江市政府公報	同上	市政府	日刊
三女中	同上	熊焅	日刊
模範軍人週報	贛州	張松翹	週刊
青年週刊	同上	董世翠	週刊
高安教育月刊	高安	羅世忠	月刊

報名	地址	編者	刊期
河口日報	河口	高北暉	日刊
贛東日報	臨川	彭正元	日刊
廣豐日報	廣豐	王秋吟	日刊

雲南區

報名	地址	編者	刊期
義聲報	雲南府	李鉅裁	日刊
復旦報	同上	劉國澍	日刊
均報	同上	段奇偕	日刊
社會新報	同上	龍子敏	日刊
雲南西南日報	同上	沈聖安	日刊
大無畏報	同上	李仁輔	日刊
雲南新報	同上	鄧賢彬	日刊
雲南民衆日報	同上	王玉田	日刊
雲南公報	同上	省政府	週刊
昆明小學教育週刊	同上	趙樹人	週刊
昆明市聲	同上	市政府	週刊
新民通信	同上	三十八軍參謀處	週刊
三民畫報旬刊	同上	三十八軍政治部	旬刊
衛生促進會會刊	同上	王興周	半月
反日會畫報	同上	反日會	半月
雲南建設公報	同上	建設廳	月刊
市政月刊	同上	市政府	月刊
雲南風俗改良會會刊	同上	風俗改良會	月刊
醫學會刊	同上	錢希龐	月刊
雲南財政公報	同上	財政廳	月刊

報名	地址	編者	刊期
晨光月刊	同上	馬筱春	月刊
司法公報	同上	高等法院	月刊
教育公報	同上	教育廳	二月

■貴州區

報名	地址	編者	刊期
貴州改進日報	貴陽	李維伯	日刊
指導日刊	同上	陳昭合 趙民生	日刊
黔民通信	同上	鄧文波	日刊
路政週刊	同上	史之源	週刊
貴州省立師範學校旬刊	同上	省政府 政務科	旬刊
衛生半月刊	同上	趙廖夫	半月
蠶業淺說	同上	李維伯	半月
新黔北報	赤水	華峻西	週刊
大定中學校刊	大定	周維安	半月
四中旬刊	安順	傅夢秋	旬刊
省立第三中學校半月刊	遵義	趙鍼祥	半月
盤江中學安龍小學聯合旬刊	盤江	邵正祥	旬刊

■奉天區

報名	地址	編者	刊期
東三省民報	奉天	張夢九	日刊
東三省公報	同上	王希哲	日刊
醒時報	同上	張兆麟	日刊
東北日報	同上	丁耀[illegible]	日刊
新亞日報	同上	陳振卿	日刊

奉天商報	同上	金蘭溪	日刊
東北無線電新聞	同上	屠彬	日刊
新民晚報	同上	王乙元	日刊
平民日報	同上	于江楓	日刊
文書日報	同上	陽際青	日刊
盛京時報	同上	宮川貫作	日刊
奉天公報	同上	財政廳	二日
奉天警甲彙報	同上	羅桐	週刊
大亞圖書週報	同上	沈叔遂	週刊
法學新報	同上	趙欣伯	週刊
奉天鐵路週報	同上	奉海路局	週刊
財海銀燈	同上	王伯韓	旬刊
奉天商埠警察旬報	同上	張鼎新	旬刊
警察旬刊	同上	于漁村	旬刊
教育雜誌	同上	邢定雲	月刊
民國醫學雜誌	同上	楊永年	月刊
奉天醫學雜誌	同上	沈文魁	月刊
電政公報	同上	奉吉黑電政監督處	月刊
奉天省立女子師範附屬小學校校刊	同上	赫忠言	月刊
財政日刊	同上	財政廳	月刊
瀋陽縣教育月刊	同上	白永亮	月刊
長虹月刊	同上	張士丐	月刊
小說新刊	同上	鄧鵬秋	月刊
軍事月刊	同上	徐祖詒	月刊
奉天青年	同上	張嶺給	季刊
安東商報	安東	袁子義	日刊

安東警察公報	同上	鮑竹樂	日刊
安東教育月刊	同上	徐正範	月刊
安東青年	同上	車義軒	月刊
營商日報	牛莊	陳錫箴	日刊
警察廳旬刊	同上	朱宗文	旬刊
本溪教育月刊	本溪	趙廷芝	月刊
遼陽教育月刊	遼陽	何景春	月刊
法革教育月刊	法革	王東閣	月刊
復縣教育週刊	復縣	王　坤	週刊
通化教育月刊	通化	張夢文	月刊

■甘肅區

報名	地址	編者	刊期
甘肅民國日報	蘭州	王定元	日刊
新隴日報	同上	王定二	日刊
新隴通信	同上	李廷秀	半週
一中週刊	同上	王　陶	週刊
甘肅省政府公報	同上	吳至恭	週刊
二師週刊	同上	王德修	週刊
蘭州市政週刊	同上	吳淮安	週刊
中大附中旬刊	同上	王　棟	旬刊
教育公報	同上	劉建傑	月刊
甘肅財政月刊	同上	財政廳	月刊
民政月刊	同上	徐德熏	月刊
甘肅司法月刊	同上	劉汝舟	月刊
甘肅建設月刊	同上	趙元貞	月刊

報名	地址	編者	刊期
民強報	寧夏	劉漢卿	日刊
中山日報	同上	賈午	日刊
四中週刊	涼州	賀世昌	週刊
二師旬刊	同上	張永泉	旬刊
新隴民報	平涼	蔣聽松	日刊
隴東新報	同上	黃文煥	日刊
黨務週刊	同上	常文鋒	週刊
醒邊週報	肅州	裴孟威	週刊
醒民週報	涇州	許肇青	週刊
中山週刊	西寧	黎邁	週刊
隴南民聲報	秦州	馮靜山	週刊

◘河南區

報名	地址	編者	刊期
河南民報	開封	*Li Kuang heng*	日刊
革命軍人朝報	同上	*Secretary's Office*	日刊
河南省立第一中學校校刊	同上	*Ho Hung ch'ang*	週刊
河務週刊	同上	*Yu Hsiu*	週刊
努力畫報	同上	*Li Kuang heng*	週刊
總理紀念週報告	同上	*Li Kuang heng*	週刊
河南通信	同上	*Hsieh Chin chien*	週刊
河南教育款產旬刊	同上	*Wang Ik'o*	旬刊
航空畫報	同上	*Shih Shu*	旬刊
革命之路	同上	*Li Kuang heng*	半月
開封青年會會刊	同上	*Yang Wu hsin*	月刊
河南中華聖公會會刊	同上	H. J. Wei	月刊

河南建設	同上	Ma Hokeng	月刊
河南民政月刊	同上	Min Cheng Ting	月刊
開封市政通訊	同上	Ch'in Wei hsin	不定期
新淮陽週刊	鄭州	Wang Tzud un	週刊
西北銀行彙刊	同上	Chu Potseng	週刊
第四師範週刊	河南府	Tung T'ien chang	週刊
第三農校半月刊	同上	Li Weicheng	半月
華新週刊	衛輝	Hsiao K'uo tseng	週刊
五師校刊	同上	T'a K'man	不定期
新尉週刊	尉氏	Chang Hua fuan	週刊
自治旬刊	同上	Ts'ao Huan chang	旬刊
扶溝新聲	扶溝	Wu Haimin	週刊
扶溝縣自治週報	同上	Li T'ingjan	週刊

大中日報	信陽	Li Isheng	日刊
彰德日報	彰德	Ch'en Hanfen	日刊
許昌週刊	許州	Chang Ch'in g hsiang	週刊
新新週刊	新鄉	Li Shihtseh	週刊
南陽黨聲	南陽	Chang Jui tseh	週刊
鄉聲旬刊	泗水	P'eng K'uo ying	旬刊
新襄日報	襄城	Chao Chen chung	日刊
黨聲週刊	禹州	Hsu Yaching	週刊
新太週刊	大康	Li Chunfan	週刊
陳留週刊	陳留	Li Hsichang	週刊
新孟縣週刊	孟縣	S'nan gShua hn	週刊
新蘭陵週刊	蘭封	Ssu Shenglin	週刊
新獲嘉週刊	獲嘉	Li Tsojui	週刊

洛寧旬刊	洛寧	T'u Fa-jui & Li Yeh-hsien	旬刊
新睢週報	睢州	Lei Yen	週刊
靈寶週刊	靈寶	Li Hsing san	週刊

（二）通信社（北京中外報章類纂社調查）

世界新聞編譯社	北京	陳劭南
國際通信社	同上	古野伊之助
政治新聞社	同上	陳小舉
北方通信社	同上	趙雨琴
國光通信社	同上	王慰三
每日通信社	同上	趙慰如
亞陸趙信社	同上	周丹忱
震華通信社	同上	章惠夷
中美通信社	同上	宋發祥 克德益
民鐸通信社	同上	黃慧根
萬國新聞社	同上	林[illegible]可
北京日日通信社	同上	尚興階
大同通信社	同上	林天木
民權通信社	同上	解逸民
民衆通信社	同上	費覺天
東亞通信社	同上	管籟生
醒民通信社	同上	廖鳴章
中華通信社	同上	劉清泉
國是通信社	同上	林東海
新聞編譯社	同上	邵振青
神州通信社	同上	陳定遠

國聞通信社	同上	胡政之
民本通信社	同上	瞿孟池
益智通信社	同上	葉我心
和平通信社	同上	江震夏
仁民通信社	同上	陳見誠
聯合通信社	同上	費公俠
亞細亞通信社	同上	九山幸一郎 張仲夏
公民通信社	同上	陳燮塵
新聞通信社	同上	宋小我
華東通信社	同上	劉哲民
復旦通信社	同上	王霜鼠
五洲新聞社	同上	田丹佛
捷聞通信社	同上	李亞先

五族新聞社	同上	陳覺丁
憲治通信社	同上	鄭知非
九洲新聞社	同上	林秉公
合衆通信社	同上	葉天醉
運報通信社	同上	蔡障川
中央通信社	同上	羅靜敷
大中通信社	同上	謝曾谷
華夏通信社	同上	尹樹德
中外通信社	同上	史俊民
民意通信社	同上	翁仙曾
今聞通信社	同上	陳蔭坡
華北通信社	同上	吳梅村
實話通信社	同上	劉星岡

普及通信社	同上	謝哲勳
新華通信社	同上	詹辱生
日新通信社	同上	陳悟公
華俄通信社	同上	劉別疊天
中原通信社	同上	
丙寅通信社	同上	童鉞
世界通信社	同上	孫九錄
民生通信社	同上	卓博公
正道通信社	同上	張維城
中國通信社	同上	任講生
維民通信社	同上	姚鈞氏
求是通信社	同上	鄭　濂
亞洲通信社	同上	梁寓山
大陸通信社	同上	陸少游
快聞通信社	同上	汪鐵英
太平洋通信社	同上	管雲[illegible]
炎炎通信社	同上	吳叔仁
北京通信社	同上	王丹忱
民聽通信社	同上	符九銘
民興通信社	同上	張伯傑
民治通信社	同上	劉子任
華洲通信社	同上	保紀生
新聞迅信社	同上	宋曉我
美國遠東通信社	同上	李青俠
統一通信社	同上	王薰午
華僑通信社	同上	林夢岡

河北通信社	天津	劉棨偏
東方通信社	同上	宋[illegible]光
天津新聞通信社	同上	篠澤豹三
日本電報通信社	同上	芮曾三郎
青島日新通信社	青島	馬柏源
大北通信社青島支社	同上	吳鴻遠
青島新聞通信社	同上	張皓隱
膠澳通信社	同上	王瘦農
燕台通信社	芝罘	林喉鶴
國益通信社	漢口	
華鄂通信社	漢口	
新湖北通信社	同上	
漢口日日新聞社	同上	
漢東通信社	同上	
漢口民國新聞通信社	同上	
一德通信社	同上	
鄂州新聞編譯社	同上	
中國正誼新聞編譯社	同上	
漢口唯心通信社	同上	
漢口三五通信社	同上	
湖北信實通信社	同上	
國聞通信社	同上	胡政之
民意通信社	同上	
振興通信社	漢口	
兩湖聯合通信社	武昌	
世界新聞社	同上	

中國工商通信社	同上
乙丑宣傳社	同上
中和新聞社	同上
鄂大通信社	同上
四方通信社	同上
正大新聞宣傳社	同上
新文化通信社	同上
公德編譯社	同上
鄂湘通信社	同上
武昌新大陸通信社	同上
中華統一通信社	同上
大中華通信社	同上
四一通信社	同上

大生通信社	同上	
大支那新聞通信社	同上	
鄂州崇正通信社	同上	
寰球通信社	同上	
國義通信社	同上	
新廣西通信社	梧州	
廣西對外協會通信社	同上	
亞陸通信社	長沙	龔勃
自治通信社	安慶	王斗南
益世通信社	南京	李秀峯
神州通信社	同上	呂鍊百
建業通信社	同上	吳仲仁
時事通信社	同上	陳伯炎

樹聲通信社	同上	徐廷樞
寰球新聞通信社	同上	達劍峯
誠言通信社	同上	吳勵晉
南京世界通信社	同上	高伯翔
南洋新聞通信社	同上	施紹聞
國民通信社	上海	張靜廬
東南通信社	同上	陳冰伯
日日新聞社	同上	李小亭
國聞通信社	同上	胡政之
大中通信社	同上	潘競民
新聲通信社	同上	嚴諤聲
亞洲電訊社	同上	郁志傑
遠東通信社	同上	莫克明
聯合通信社	同上	李次山
中國新聞社	同上	沈卓吾
三山通信社	鎮江	童仁甫
鎮聞郵傳社	同上	劉煜生
南徐新聞通信	同上	吳達之
蘇聞通信社	同上	童秉三
西北通信社	張家口	劉金池
山東新聞社	濟南	小口五〇
公言通信社	同上	周公佑
乙丑通信社	開封	李羅祥
開封新華通信社	同上	李羅祥
共和新聞社	同上	宋維新
每週通信	同上	宋英儔

正誼社	同上	王偕慧
親民社	同上	張弛
大梁通信社	同上	張銘心
豫民通信社	同上	段醒豫
大河通信社	同上	馬冠羣
哈爾濱通訊	哈爾濱	大川周三
華東通訊社	同上	羅紹伊

(三)華僑報紙（上海報學雜誌社調查）

報名	地點	編輯	日期
南洋日報	棉蘭	陳勁倪 汪馥泉	同上
中華報館	同上		同上
蘇門答臘民報	同上	陳怒濤 譚孟衍	同上
天聲日報	巴達維亞	蕭蓁 陳一耀	同上
新報	同上	謝佐禹 林雲谷	同上
工商日報	同上	司徒贊	同上
全民日報	同上	戚修祺	同上
泗濱新報	泗水	未詳	同上
大公商報	同上	未詳	同上
中南日報	三寶壟	陳[illegible]泉	同上
錫江商報	孟加錫	黎覺公	同上
吻報	新加坡	李煥新 張覃方	同上
總匯新報	同上	梁顯凡	同上
新國民日報	同上	張叔耐	同上
南洋商報	同上	張相時	同上
檳城新報	檳榔嶼	湯日垣	同上

光華日報	同上	吳萍望	同上
南洋時報	同上	林浪漚	同上
益羣報	吉隆坡	李海若	同上
中華商報	同上	未詳	同上
覺民日報	仰光	陳忠仙	同上
仰光日報	同上	總理彙	同上
緬甸新報	同上	楊元通	同上
民號報	馬尼剌	李健者	同上
新聞日報	同上	湯開瑜	同上
公理報	同上	未詳	同上
華僑日報	南圻堤岸	陳肇琪	同上
勵青日報	盤谷	鄭舞飛	同上
聯僑報	同上	總理彙	同上

國民日報	同上	魏天青	同上
中華民報	暹羅盤谷	劉錫如	同上
華暹日報	同上	未詳	同上
東華報	雪黎	伍華樓	日刊
民國日報	同上	李襄伯	日刊
公報	同上	湯龍驤	日刊
民報	同上	劉孟學	日刊
大漢公報	溫加哥	伍嵩	日刊
新民國報	同上	陳焚惑	日刊
加拿大晨報	同上	馬庸	日刊
新中國時刊	同上	關耀南	日刊
華僑時刊	同上	黃克勤	日刊
羣益報	馬來		日刊

大同晨報	舊金山	任嵩翹	日刊
中西日報	同上	童錫羣	日刊
世界日報	同上	梁朝杰	同上
少年中國晨報	同上	黃二明	同上
金山時報	同上	李佰賢	同上
民國公報	同上		同上
維新報	同上		
商報	芝加哥		
僑星報	西雅圖		同上
新中國報	火奴魯魯	蔡衍	同上
漢民報	同上	馮玉龍	同上
自由新報	同上	程展臣	同上
華文商報	古巴		同上
開明公報	同上		同上
民醒日報	秘魯		同上
僑聲日報	同上		日刊

二 國民政府出版條例

一 出版條例原則

（一）爲保障出版自由，防止不正當出版品之流行，應製定出版條例。

（二）凡用機械印版，或化學材料印製之新聞紙類書籍，圖書影片及其他文書出唱或散佈者，均認爲出版品。

（三）構成出版品之關係人如左：（甲）編著人，（乙）印製人，（丙）發行人。

（四）一切出版品之登記審査，由國民政府所屬之主管機關辦理，其登記審查條例另訂之。

（五）凡出版品有左列情事之一者，不得登記；其已登記者，應撤銷之。（甲）宣傳反動思想者；（乙）違反國家法令者；（丙）敗壞善良風俗者；（丁）妨害治安者。

（六）出版品之處置辦法如左：（甲）糾正，（乙）警告，（丙）査禁，或拘罰。

二　日報登記方法

一，在出版法未頒布以前，各種日報均須遵照本辦法辦理登記。

二，日報之登記機關，爲各省黨部宣傳部，各特別市黨部宣傳部。但各縣市黨部宣傳部，得受省黨部宣傳部之委託，辦理登記事宜。登記之最後審核，由中央宣傳部辦理之。

三，中央直轄及中央受津貼之各項日報，其登記事宜，由中央宣傳部辦理之。但須通知所在地之高級黨部。

四，凡非中央直轄或中央津貼之報紙，請求在中央宣傳部登記，經許可後，得免在地方黨部登記。但仍通知所在地之高級黨部，並受其指揮監督。

五，凡登記手續辦理完畢之日報，由各省黨部宣傳部各特別市黨部宣傳部給予收據，經中央宣傳部審核決定後，發給日報登記證。

六，凡請求登記之日報，其主辦人，須至當地辦理登記機關，履行下列之登記手續，（一）塡繳保證書，（二）呈繳最近一個月所出版之刊物，（三）塡寫登記者登表，（四）

答覆登記員之詢問。

七，日報經登記合格後，如發見有反動之言論，經當地黨部之檢舉，上級黨部宣傳部之審查確實，中央宣傳部之核准者，得撤消其登記資格，禁止出版。

八，登記不合格或不履行登記之日報，得由當地高級黨部呈准中央宣傳部禁止出版。

九，各地報紙之登記期間，由中央宣傳部按各地情形定之。

十，日報登記手續，發現錯誤者，須重新登記。但若隱匿實情冒領登記證者，經發見後，其登記卽作爲無効。

十一，日報之登記，槪不收取費用。

十二，本辦法如有未盡事宜，由中央宣傳部隨時決定之。

十三，本辦法由中央常會議決施行。

三　檢查報紙規則

（平津衛戍司令部公布）

（一）本部依據衛戍條例第十條，第一，第六，兩項之規定，特設報紙檢查處，檢查北平市內各項報紙。

（二）檢查人員由總司令指派充任。其分班負責辦法另定之。

（三）各報所登言論新聞，有左列各款之一者，應即取締，勒令删除。（甲）宣傳反革命之理論消息，或有妨害革命工作之影響者。（乙）宣傳不確消息者。（丙）宣布未經公布之軍事消息，或其他應守秘密之文件者。（丁）立論評事字句激烈，含有一切反革命色彩者。

（四）各報紙定稿後應於每日午後二時以後，隨時呈送大樣三份，以備檢查。前項大樣經檢查後，以一份發還原報館，其餘二份存處備案。

（五）每種報紙送到後，隨到隨行檢閱，以十分鐘為度，如無妨礙。立即蓋印發還，勿稍稽延。

（六）如有第三條所列各款情事之一者，檢查員應隨時以紅筆勾息，勒令其删除或更正之。

（七）各報館如有故意捏造第三條所列各款之言論新聞，或不按檢查員核定樣張印發著，應分別情節輕重，依法懲辦之。
（八）既經勾勒之新聞，各報館應以其他新聞或廣告填刊之，不得故留標題使之空白。
（九）本條例如有未盡事宜，得隨時修正之。
（十）本條例自公布日施行。

三　報紙之新聞與廣告分析

一　新　聞

一　宗旨

我們要研究這個問題的理由，可以從實際，和學理兩方說來。從實際上說：我們看新聞紙的時候，往往有些疑問在心裏。譬如，我們平常所看的日報，到底登些什麼新聞？此等新聞，可否用科學的方法來分類？那幾種日報，多登政治新聞？那幾種多登經濟新聞等？對於這類問題，我們要想作一個答案。

又一方面，是從研究社會情形說起：社會問題是很多，又是極複雜的。借重日報，我們可以研究好幾種社會問題。別的暫且不題，單說日報和輿論的影響一層。譬如，甲報登一條女子參政的新聞，我們看了之後，如果對於這個問題，抱冷淡的態度，也就罷了；若使我們對於這條新聞，稍有興趣，我們心理便暫時有了一個假定的主張，或是贊成；或是反對：假如我們贊成女子參政，我們同鄰居，親戚，或朋友，往往談這一件事體，彼此再三討論，各人的思想互相激刺，互相影響，因此我們個人的決斷，變爲公衆的決斷，彷彿各人的意思，是因爲互相激刺，互相影響的結果，變爲社會意志（social mind）。因此我們大家對於女子參政，毅然決然的發生一種共同活動（concerted activity），或是組織團體，以促此事的成功。換一面說：如果我們反對女子參政，我們也要聯絡同志，使得普通人民與我們同一的主張。大家同心協力，務使女子參政不能成功。這兩層意思，指明醞釀輿論的步驟。就是拿女子參政一問題說，可以由少數變成多數，或由多數變成少數，在這變更的時候，報紙的力量是很大。因爲我們看了新聞記載，有時候不知不覺受他的影響，彷彿如心理學家所說『間接的暗示』（indirect suggestion）一般，並且在少數和多數未定之前，多數人任憑少數人發表意見，因爲少數人享有絕對的自由權，就是多數已經決定之後，少數人也可作合法的意思表示，來鼓動普通一般人民。此種行動，也往往借重日報。照此看來，每一問題的多數意見或少數意見，不是固定的，乃是活動的。

二 方法

宗旨既然如此，我們要說本研究的方法了。第一步，就是縮小範圍的問題。以時間和能力而論，我們當然不能將國內重要日報，盡數研究，故不得不選出幾種報來先行討論。選報的時候，以理論而言，應有幾個標準：譬如，（甲）在大市鎮發行者；（乙）比較上銷路廣者；（丙）代表一種思潮者；（丁）外國人在中國辦報者，等等情形。此番所選五種，與上列條件有不能十分脗合的地方，因爲我們初次研究，計畫甚難周詳，願後來逐漸改良。本研究的報紙，在北京有晨報，東方時報（只研究該報漢文部），順天時報，在天津有益世報，在上海有申報。除此五種以外，尚有幾種日報，雖然被選，而因各種困難，不能在本研究範範之內者，今不具論。

第二步，就是把每一種日報，分爲新聞，和非新聞兩部。我們只研究新聞部，不研究非新聞部。在新聞部裏面，又分國外新聞（新聞發生在國外），和國內新聞（新聞發生在國內）。我們只研究後者，不研究前者。

界限既清，我們進而談第三步，就是新聞定義。我們所謂新聞，包含很廣，大約言之，須有以下兩特點：（一）任何記載，可以引起若干人民的興趣；（二）所載的事體，是現在的又是合時的。

照這樣說來，我們的新聞，包括下列幾欄：專電，國內通訊，要聞，瑣聞，市價；總括一句，他們就是國內新聞。把國內新聞詳細分析起來，又得下列各目：

第一表：新聞的分類

甲，政治門：指下列諸目：

1 內訌：指對內戰爭；

2 內閣：指組閣，倒閣，及關於內閣各類新聞；

3 議會：指縣議會，省議會，及國會一切消息；

4 外交：指對外一切交涉，無論地方中央均屬之；

5 生計：指委任，撤任，鬧薪，裁員；

6 和議：指統一，議和，休戰；

乙，經濟門：指下列諸目：

1 公債：指內債，外債，路債；

2 實業：指商務，農業，工業；

3 勞働：指罷工，加薪，示威；

4 物價：指匯水，物價，市價，行情；

5 交通：指鐵路，輪船，郵電；

6 稅務：指常關，海關，釐卡；

7 金融：指擠兌，銀錢，行市；

8 財政：指整理，清理，籌款，過關；

丙．文化門：指下列諸目：

1 教育：指學校風潮，學界新聞；

2 演講：指學術演講，名人演講；

3 戲劇：指新戲，舊劇，電影；

丁，社會門：指下列諸目：

1 窮困：指窮困，自殺，餓死；

2 遊藝：指運動，球戲，賽馬，棋賽；

3 土匪：指攻城，奪地，綁票，刦人之土匪；

4 集會：指歡迎，歡送，開會追悼；

5 訴訟：指民事，及刑事；

6 慈善：指施粥，施衣，施棺；

戊，罪惡門：指下列諸目：

1 殺傷：指殺人，傷人，暗殺；

2 搶刦：指盜刦行為；

3 偷騙：指偷，拐，騙；

4 煙賭：指種煙，煙稅，私吃，聚賭；

己，雜項門：指一切新聞不能歸入以上各目者。

分類完畢，我們然後談到實在測量的方法。第二表是我們量五種日報第一天的結果，最好就拿晨報來做一個比例。這一日（十二年十一月十日）的晨報裏面，有下列四條新聞：

報紙之新聞與廣告分析

第二表：新聞面積

十二年十一月十日	公報		順天時報		東方時報		益世報		申報	
全張面積		480		2040		1638		1464		6860
新聞面積		[illegible]		824		476		[illegible]		1825
國外新聞		126		10		126		9		160
國內新聞		[illegible]		[illegible]		350		[illegible]		[illegible]
國內新聞分類	次數	英方寸	次數	英方寸	次數	英方寸	次數	英方寸	次數	英方寸
甲、政治	11	339	28	[illegible]	24	172	17	[illegible]	[illegible]	[illegible]
內政	4	130	9	112	4	47	[illegible]	[illegible]	[illegible]	[illegible]
內閣					1	10	3	57	3	[illegible]
議會	3	98	6	[illegible]	4	46	[illegible]	142	7	[illegible]
外交	3	104	4	[illegible]	[illegible]	[illegible]	10	104	[illegible]	102
生計	1	7	3	[illegible]	4	[illegible]	8	46	6	[illegible]
軍警										
乙、經濟	9	[illegible]	[illegible]	[illegible]	2	[illegible]	[illegible]	[illegible]	[illegible]	[illegible]
公債	1	[illegible]					1	5	3	45
實業	[illegible]	45	1				1	7	5	[illegible]
勞動										
物價									37	[illegible]
交通	3	24	2	[illegible]	1	[illegible]	3	74	[illegible]	[illegible]
機器			1	[illegible]					3	42
金融	1	16	1	6					8	14
財政	1	[illegible]	1	28	1	[illegible]	2	15	4	[illegible]
丙、文化	5	194	9	135	5	[illegible]	[illegible]	60	13	130
教育	5	194	6	60	3	[illegible]	5	66	11	102
衛生			1	27	2	13			2	28
戲劇			8	48			1	4		
丁、社會	2	16	2	26	2	20	2	11	18	237
災害	2	16								
遊藝				[illegible]			1	9	1	72
土匪			1	15	1	15	1	5	4	11
集會			1	11	1	5			7	64
訴訟									6	70
慈善							1			
戊、[illegible]	4	86	2	18			1	7	16	46
婚喪									2	8
訃告			1	8					6	32
賽會	1	9							9	26
體育	3	29	1	10						
己、[illegible]		114		[illegible]		[illegible]		[illegible]	[illegible]	[illegible]

第一圖式：國內新聞的分類

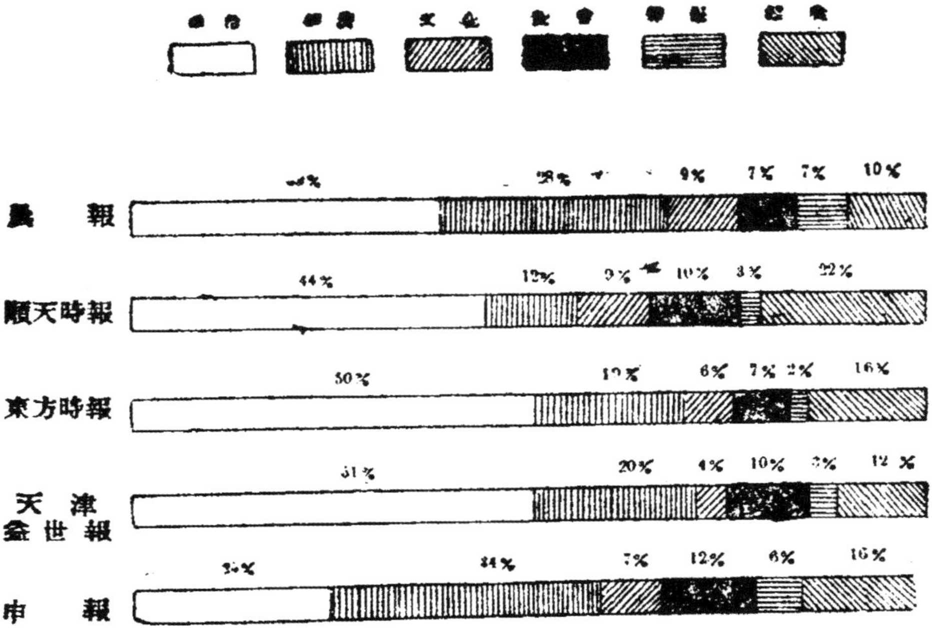

（一）『厦械赴滬原因之一』（載在該報第二版下）；（二）陳軍會攻廣州（第二版下）；（三）萬縣又有激戰（第三版下）；（四）廣州人心震動（第五版上）。我們把這四條新聞，用英尺一一量好，計得（一）二十四英方寸；（二）二十七英方寸；（三）十五英方寸；（四）六十四英方寸；共得百三十英方寸。這四段合起來歸入政治門內訌目。以此類推，我們量其餘各門的新聞，各目的新聞，等到我們將五種報紙量了四十天，（除東方時報每逢星期日不出報，又天津益世報於十二年十一月十二日也不出報）。然後將這番研究，作一簡單的報告如下：

但是在報告之先，我們自己對於本研究懷疑的地方，及困難問題，要預先聲明：（甲）分類的困難，分類是科學上一件繁雜的事體，並且也沒有固定的辦法。甲的分類未必與乙的或丙的相同，雖然甲，乙，丙，多用科學的方法。本研究的類數目數，間或有界限不清的，如政治門的內訌目，及和議目，有時候甚難區分；又如罪惡一門，似應歸入社會門，（因要特別研究罪惡的性質，及種類，故另立一門，然其界限容易與社會門相混）。不特如此，有許多新聞，照性質上說起來，不止可歸一目。譬如『金佛郎案』，可歸議會目，內閣目，或財政目；難免有淆亂的地方。又如學校風潮一項，表面上似可歸教育目，然有的風潮，似因有人謀位置而釀成，故可歸入生計目。又是窮困和殺傷兩目，時有衝突的地方，譬如有人因窮而自殺，到底應該歸入殺傷目，或窮困目，頗是一個疑問。諸如此類，可見分類的時候，勢難劃一。（乙）用英尺量的時候，稍不小心，將尺移動了，結果就不準了。（丙）就是準了，結算的時候，不免有錯誤的地方。（丁）即使算準了，拿這五種日報，只量了四十天的工夫，也不能算是一個很大的研究。但是以後我們願意逐漸增加，多研究幾種日報。現在所選的五種，是嘗試的意思。

三　分析

（甲）用百分法：（１）新聞和非新聞：拿每一報全身當作一百分，然後算新聞的面積，及非新聞的面積，做一個比較，所謂報紙全身，——指報紙本身全體，附刊及增加——結果見第三表。

第三表：新聞和非新聞

	東方時報		晨報		順天時報		申報		天津益世報	
	英方寸	百分	英方寸	百分	英方寸	百分	英方寸	百分	英方寸	百分
全報	638	100%	3015	100%	2103	100%	6501	10[illegible]%	4864	100%
新聞	[illegible]90	42%	1041	[illegible]4%	[illegible]34	2[illegible]%	1805	[illegible]8%	10[illegible]5	[illegible]0%
非新聞	[illegible]48	58%	1999	6[illegible]%	1472	71%	4391	72%	384[illegible]	80%
總數	13[illegible]	100%	204[illegible]	[illegible]0%	21[illegible]6	100%	6[illegible]01	10[illegible]%	4864	100%

（２）國外新聞和國內新聞的比較：以每報新聞部當作一百分，國內新聞與國外新聞的比較如下：

第四表：國內新聞和國外新聞

新聞	中報 英方寸	中報 百分	天津益世報 英方寸	天津益世報 百分	順天時報 英方寸	順天時報 百分	晨報 英方寸	晨報 百分	東方時報 英方寸	東方時報 百分
新聞	1805	100%	1015	100%	634	100%	1046	100%	690	100%
國外新聞	59	4%	44	4%	9	15%	185	18%	156	23%
國內新聞	1746	96%	971	96%	542	85%	861	8 %	534	77%
總數	1805	100%	1015	100%	634	100%	1046	100%	690	100%

（3）國內新聞的分類：以每報國內新聞當作一百分，再拿國內新聞分作五門，各門的比較如下：

第五表：國內新聞的分類

	晨報 英方寸	晨報 百分	順天時報 英方寸	順天時報 百分	東方時報 英方寸	東方時報 百分	天津益世報 英方寸	天津益世報 百分	中報 英方寸	中報 百分
國內新聞	61	1[illegible]%	542	100%	534	100%	971	100%	1746	10[illegible]%

政治	228	30.[illegible]%	235	43.4%	216	48.[illegible]%	499	51.4%	429	24.6%
經濟	18[illegible]	7.7%	83	15.3%	100	18.7%	187	19.3%	589	33.7%
文化	78	9.1%	49	9.1%	[illegible]4	6.4%	41	4.2%	129	7.4%
社會	65	7.5%	54	9.9%	37	6.9%	100	10.3%	212	12.2%
罪惡	64	7.4%	16	2.9%	11	2.1%	31	3.2%	107	6.1%
雜項	77	9%	105	19.4%	91	17%	113	11.6%	280	16%
總數	861	100%	542	100%	534	100%	971	100%	1746	100%

將第五表的材料，換一個法子用圖式來表明，（如第一圖式）各門新聞的百分分配，更覺明顯了。

（乙）用面積實測法：上面所說是拿『國內新聞』當作一百分，然後將各門比較，本節注重實在面積；意思就是：每門新聞，到底佔多少英方寸？現在拿第三表裏面『英方寸』這一項，用一圖式（如第二圖式）來表明，覺得百分的比較，和這一個圖式很有相同的地方。比方說：天津益世報的政治新聞在這四十天裏面，每日平均佔四百九十九英方寸，比較其餘的日報為多。在百分法的比較，這一門也是頂多(51%)。然而實在面積的比較，和百分法的比較，也有不同的地方，譬如罪惡門，照百分法算，晨報佔第一（8%）。然而實在面積，申報的罪惡門（107英方寸）比晨報的多（64英方寸）。又如文化一門，照百分法算，晨報最多，（91%）得七十八英方寸。照實在面積，申報最多（71%）得百二十九英方寸。所以依實在面積，照第二圖式的表示，有下列的結果：

國內新聞	依百分法	實在面積
政治	津益	津益
經濟	申	申
文化	晨	申
社會	申	申
罪惡	晨	申
雜項	順時	申

（丙）次數：除開百分法，及求實在面積而外，我們還要研究新聞的次數。看每一門的新聞在這四十天裏面，每日平均登載幾次。譬如經濟門新聞，在晨報上面，平均每日有十六

次；在順天時報有八次；在東方時報有七次；在天津益世報有十四次；在申報有六十三次；惟有一層要表明的，就是次數的多少，和新聞總面積成正比例；就是面積愈大，新聞載得愈多，所以新聞的次數，也增加。譬如五報當中，申報的新聞面積最大（一千七百四十六英方寸），所以他的次數當然頂多，東方時報的新聞因為中英文合併的原故（我們不算英文新聞）面積頂小（五百三十四英方寸），他的新聞的次數，當然頂少（見第六表）。

第六表：各報五項新聞平均次數(frequency)

新聞＼報名	晨報	順天時報	東方時報	天津益世報	申報
政治	15	20	16	30	58
經濟	6	8	7	14	63
文化	4	4	2	3	14
社會	4	6	3	7	28
罪惡	4	1	1	2	15

結論　現在可將本研究最顯明各點，摘要論之。

（甲）如以每報「國內新聞」當作一百分，看那一報對於那一門最多對於那一門最少（只用五門新聞不算雜項）

新聞門	最多	最少
政治	津益	中
經濟	中	順時
文化	晨，順時	津益
社會	中	東時
罪惡	晨	東時

（乙）如以實在面積計算，那一報對於那一門新聞最多，或最少，可以結論如下：

新聞門	最多	最少
政治	津益	順時
經濟	中	順時
文化	中	東時

社會	中	東時
罪惡	中	東時
雜項	中	晨

（丙）用次數計算：

新聞	最多次數	最少次
政治	中	東時晨
經濟	中	東時
文化	中	東時
社會	中	東時
罪惡	中	東時，順時

——清華學報——

二 廣告

一　宗旨

我們已經說過，分析新聞的主旨在研究下列諸問題：報紙登載的新聞如何可以分類？那幾類新聞，比較的最多？那幾類新聞，比較的最少？因此或者可以推測閱報的人大概是那一流人居多：因此或者可以推想輿論的醞釀與產生。但是研究廣告的主旨，用意微有不同，而對於下列諸問題需特別注意：某種報紙登載些什麼廣告？廣告如何分類？那幾類廣告比較的最多？那幾類比較的最少？因此或者可知社會所最需要的，是那幾類物品，因此或者可以推測普通社會情形。譬如娛樂類的廣告較多，我們的推想是：一般人們對於消遣，或者一般青年，對於體育比較的注意。又譬如醫藥廣告較多，我們的推想是：社會上恐有疾病之流行。照此說來，分析廣告對於研究社會情形，卻也有些帮助。

二　方法

但要研究廣告，大約可從三方面下手：第一是從登廣告者着想，第二是從做廣告者着想，第三是研究廣告所發生的影響。第一問題屬於經濟學的範圍：因近世商業發達，製造品逐漸推廣，推廣的方法甚多，而借重於廣告者當然不少。對於經濟學有興趣的人，可以研究廣告與物品銷售的關係。第二是心理學的問題：廣告的佈置，字數的配合，插畫的採用，顏色的調和，如何使看廣告者惹起他的注意，使他發生買物之心願，使他相信廣告所登物品是確於他有用處而決意去買？第三問題是社會的：那幾種廣告是在報紙上宣佈？那幾種廣告比較的多？那幾種廣告比較的少？社會上一般人們所最需要的是那幾種物品？由他們的需要來觀察普通社會情形，關於此類問題就要用歸納方法統計手續，將各種廣告分類研究，這是本文的範圍。

範圍既清，便談定義。廣告的定義，當今尙無精確的。有些專家說：廣告是出版界的一種宣傳力。對于這種宣傳力，我們尙不能下固定的界說，只能描摹牠所發生的效力。牠的效力是應用於商界，特別對於發售物品而言。廣告的重要使命，是要使普通人們，對于某種物品來源的知識增加，以使惹起買物之心。然而宣傳力的本身，尙乏科學的定義。不但如此。牠的效力，也因爲應用之地位及範圍而變遷，正如電力的性質，至今尙在研究中，而電力的應用，已日加繁博。平情論之，廣告裏面大約含有兩種性質：（一）簡單說明所要賣的物品；（二）使看廣告者生要買的心，而決定去買這種物品。如此我們可以用客觀的方法，將報紙裏面的文字，合乎此定義者分類，乃得下列各門：

第一表：廣告的分類

甲.教育門:指下列各目
1. 書籍:
2. 雜誌報章:
3. 文具:
4. 其他:

乙.娛樂門:指下列各目
1. 電影:
2. 戲劇:
3. 其他:

丙.日用門:指下列各目
1. 服飾:
2. 傢俬:
3. 食品:
4. 其他:

丁.經濟門:指下列各目
1. 銀行:
2. 儲蓄:
3. 保險:
3. 實業:
5. 交通:
6. 其他:

戊.奢侈門:指下列各目
1. 化粧品:
2. 首飾:
3. 烟:
4. 其他:

己.醫藥門:指下列各目
1. 滋補品:
2. 花柳:
3. 腎臟:
4. 皮膚:
5. 咳嗽:
6. 肝胃:
7. 婦科:
8. 眼科:
9. 耳科:
10. 醫生:
11. 其他:

庚.雜項門:指下列各目
1. 營業:
2. 租賃:
3. 拍賣:
4. 訪尋:
5. 普通聲明:
6. 介紹職業:
7. 其他

第二表 [illegible]

一二年一二月一日	北京晨報	天津益世報	[illegible]	[illegible]	[illegible]
全面積	[illegible]	[illegible]	[illegible]	[illegible]	[illegible]
廣告面積	[illegible]	[illegible]	[illegible]	[illegible]	[illegible]
廣告分類	平方寸	平方寸	平方寸	平方寸	平方寸
甲．教育	[illegible]	[illegible]	[illegible]	[illegible]	[illegible]
書籍	[illegible]	[illegible]		[illegible]	[illegible]
[illegible]	[illegible]	[illegible]			[illegible]
文具	[illegible]	[illegible]	[illegible]		
其他	[illegible]	77.54	21.92	[illegible]	[illegible]
乙．[illegible]	[illegible]	11.63	[illegible]	[illegible]	[illegible]
[illegible]	[illegible]	[illegible]	[illegible]	[illegible]	[illegible]
[illegible]	[illegible]		[illegible]	[illegible]	[illegible]
其他	[illegible]				
丙．日用	[illegible]	[illegible]	[illegible]	[illegible]	104.53
服飾	[illegible]	[illegible]	[illegible]	[illegible]	29.10
[illegible]		[illegible]	[illegible]	75.31	[illegible]
食品	[illegible]	[illegible]	[illegible]	[illegible]	42.75
其他	[illegible]	[illegible]	[illegible]	[illegible]	[illegible]
丁．經濟	[illegible]	[illegible]	[illegible]	[illegible]	[illegible]
銀行	[illegible]	[illegible]	[illegible]	[illegible]	[illegible]
儲蓄	[illegible]	[illegible]	[illegible]	[illegible]	[illegible]
保險		67.56		[illegible]	[illegible]
[illegible]	[illegible]	[illegible]	[illegible]	[illegible]	60.40
[illegible]	[illegible]	[illegible]	[illegible]	[illegible]	[illegible]
其他	[illegible]	[illegible]	[illegible]	[illegible]	[illegible]
戊．[illegible]	[illegible]	[illegible]	[illegible]	221.82	[illegible]
化粧品	[illegible]	[illegible]	[illegible]	[illegible]	[illegible]
[illegible]	[illegible]	[illegible]	[illegible]	[illegible]	[illegible]
[illegible]	[illegible]	[illegible]	[illegible]	[illegible]	[illegible]
其他		[illegible]		[illegible]	[illegible]
己．醫藥	[illegible]	[illegible]	[illegible]	[illegible]	[illegible]
[illegible]	[illegible]	[illegible]	[illegible]	[illegible]	[illegible]
[illegible]	[illegible]	[illegible]	[illegible]		[illegible]
[illegible]	[illegible]	[illegible]	[illegible]		[illegible]
[illegible]		[illegible]	[illegible]		[illegible]
[illegible]	[illegible]	[illegible]	[illegible]		[illegible]
[illegible]	[illegible]	[illegible]			[illegible]
[illegible]	[illegible]	[illegible]	[illegible]		[illegible]
[illegible]		[illegible]	[illegible]	[illegible]	[illegible]
[illegible]		[illegible]	[illegible]		[illegible]
[illegible]	[illegible]	[illegible]	[illegible]	[illegible]	[illegible]
其他	[illegible]	[illegible]	[illegible]	[illegible]	[illegible]
庚．[illegible]	[illegible]	[illegible]	[illegible]	[illegible]	[illegible]
[illegible]	[illegible]	[illegible]	[illegible]	[illegible]	[illegible]
[illegible]	[illegible]	—	[illegible]	[illegible]	[illegible]
[illegible]			[illegible]	[illegible]	[illegible]
[illegible]		[illegible]		[illegible]	[illegible]
[illegible]	[illegible]	[illegible]	[illegible]		[illegible]
[illegible]	[illegible]				[illegible]
辛．其他	[illegible]		[illegible]	[illegible]	[illegible]

但是對於這個分類，我們尚有懷疑的地方；因為廣告各目的界限不能完全劃清，譬如雜項門營業目，職業介紹目，也可歸入經濟門。又如醫藥一類，中醫和西醫的界限無從區別。此外尚有一個重要的問題，不在分類之列，即中國貨與外國貨之別。我國正當提倡振興國貨的時候，我們對於國內的外國貨應有統計，然而據所有的廣告看來，對於此層尚無分類之可能。

第一圖式：廣告的分類

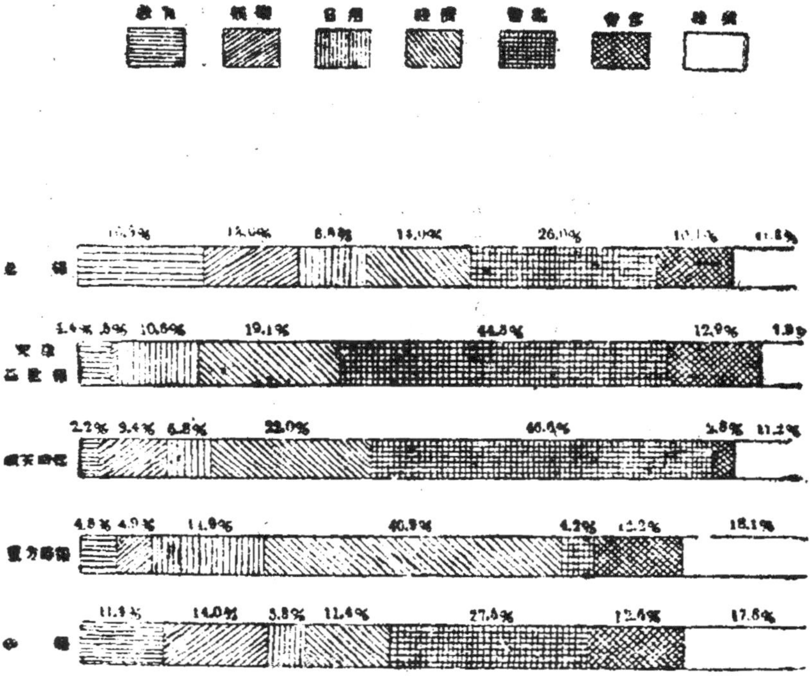

至於測量的方法，是同前次測量新聞的一樣，就是以英尺爲標準。我以晨報爲例。民國一二年一二月一日的晨報有四條廣告：（一）參衆兩院公佈的憲法（載在該報第一版上）；（二）陸懋德著的周秦哲學史（載在該報第一版上）；（三）商務印書館新出版的書籍（載在該報第一版下）；（四）陳石遺編的近代詩鈔（載在該報第一版下）。我們把這四條廣告用英尺仔細量好，計算得（一）五·三四英方寸；（二）一三·六六英方寸；（三）二九·四五英方寸；（四）一三·四八英方寸；共得六一·九三英方寸。這四條合併起來，歸入教育門的書籍目。以此爲例，我們量了四〇天的廣告。第二表是第一日所量五種日報的結果（東方時報的廣告只量漢文部）。表內每目後原有小數兩位，後因謀計算便利起見，用四除五進法，省去一位。

三　分析

（甲）用百分法

(1)廣告和非廣告　每一種報紙裏面，所載的文字，除廣告外，尚有社說，新聞，談諧，小說等欄；新聞已由上次分類，今合新聞及其餘各項，皆謂之爲非廣告。如以一種報紙的全身爲一百分，廣告和非廣告的比例見第三表：

第三表：　廣告和非廣告

	晨報		天津益世報		順天時報		東方時報		申報	
	英方寸	百分	英方寸	百分	英方寸	百分	英方寸	百分	英方寸	百分
全報	2.07	100%	4827	100%	2183	100%	4002	100%	6169	100%

	晨報		天津益世報		順天時報		東方時報		申報	
廣告	1174	40 %	3025	63 %	1111	51 %	2002	41 %	3307	54 %
非廣告	1733	60 %	1802	37 %	1072	49 %	2810	56 %	2852	46 %
總數	2907	100%	4827	100%	2183	100%	4302	100%	6159	100%

(2)**廣告的分類** 再進一層研究，以每報的廣告，當作一百分，再把廣告分作七門，各的比較見第四表：

第四表： 廣告的分類

	晨報		天津益世報		順天時報		東方時報		申報	
	英方寸	百分法	英方寸	百分法	英方寸	百分法	英方寸	百分法	英方寸	百分法
廣告	1741	100%	3025	100%	1111	100%	2002	100%	3307	100%
教育	197	1.68%	182	4.4%	24	2.2%	96	4.8%	376	11.4%
娛樂	153	13.0%	16	0.5%	104	9.4%	98	4.9%	464	14.0%
日用	103	8.8%	320	10.6%	64	5.8%	298	14.9%	175	5.3%
經濟	164	14.0%	577	19.1%	245	22.0%	818	40.9%	378	11.4%
奢侈	119	10.1%	391	12.9%	31	2.8%	245	12.2%	417	12.6%

醫藥	305	2[illegible]%	1330	44.6%	5 8	46.[illegible]%	85	4.2%	908	27.5%
雜項	133	11.3%	238	7.9%	125	11.2%	3 2	18.1%	5 9	17.8%
總數	1174	100%	3025	100%	1111	100%	2002	100%	3307	100%

將第四表的材料，換一個法子，用圖式表明（如第一圖式），則各門廣告的分配，更覺明顯。

(乙)用面積實測法　採用此法的目的，就是要推定每門廣告到底佔報紙上若干英方寸。現在把第四表內『英方寸』這一行用條狀圖式（bar diagram）的方法來表明，結果見第二圖式。我們覺得百分法的分配，與面積的比較有相同的，有不相同的。相同的例，我們可舉娛樂一門。申報的娛樂門佔面積四六四英方寸較其他各報爲多。照百分法算亦較其他各報爲多（140％）。不同的例我們可舉教育門。照百分法算，晨報的教育佔第一（108％），然以面積論，申報的教育門（三七六英方寸）比晨報的（一九七英方寸）多。照此看來，百分法與實測法不是表明同樣結果的方法，所以我們再將兩個方法作一個比較，顯出同點與異點，詳情見第五表：

第五表：　百分法和實在面積的比較

廣告	依百分法	實在面積
教育	晨報	申報
娛樂	申報	申報
日用	東方時報	天津益世報
經濟	東方時報	東方時報
奢侈	天津益世報	申報
醫藥	順天時報	天津益世報
雜項	東方時報	申報

為醒目起見，我們可以將上列各門擇要列表如下：

（甲）依百分法　如以每一種報的廣告當作一百分，看那一種報對於那一門廣告載得最多，那一門最少，有如第六表所列：

第六表：　各報的廣告依百分法作比較

廣告　依百分法	最多	最少

教育	晨報	順天時報
娛樂	申報	天津益世報
日用	東方時報	申報
經濟	東方時報	申報
奢侈	天津益世報	順天時報
醫藥	順天時報	東方時報
雜項	東方時報	天津益世報

(乙)面積實測法　如以實在面積計算，我們也可以研究那一報對於那一門廣告載得最多，那一門載得最少，有如第七表所列：

第七表：　各報的廣告依面積實測法作比較

廣告 / 依實在面積	最多	最少
教育	申報	順天時報
娛樂	申報	天津益世報
日用	天津益世報	順天時報

經濟	東方時報	晨報
奢侈	申報	順天時報
醫業	天津益世報	東方時報
雜項	申報	順天時報

新聞界近百年大事紀

一 新聞年紀（自一八一五年至一九二九年）

——公歷紀年——

一八一五 嘉慶二十年 乙亥

察世俗每月統紀傳 Chinese Monthly Magazine 創刊，爲華文報紙第一種，發行於馬六甲（Malacca），主辦者爲西人馬禮遜，米憐，麥都思及華人梁亞發諸氏，爲傳教刊物而始具新聞性質者。

一八二三 道光三年 癸未

特選撮要每月紀傳 Monthly Magazine 發刊於巴達維亞（Batavia），分宗教時事雜俎等欄。

一八二八 道光八年 戊子

麥都思創辦「天下新聞」Universal Gazette於馬六甲，有中外新聞及歷史宗教科學等，所用活字版及報紙印刷，在當日爲創見。

一八三三　道光十三年　癸巳

東西洋考每月統紀傳Eastern Western Monthly Magazine出版。封面書云：「人無遠慮，必有近憂，愛漢者纂字樣」。初發刊於廣州，繼遷至新嘉坡。現代報紙發刊於國內者，推此爲嚆矢。

一八三九　道光十九年　己亥

林則徐幕客魏源倡議譯報，以通國情。

一八五一　咸豐元年　辛亥

張芾奏請刊刻邸報，發交各省，受斥。

一八五三　咸豐三年　癸丑

遐邇貫珍 Chinese Serial 創刊，爲香港中環路英華書院所印送，每號收回紙價十五文，每册一二十頁「有近事雜報欄」。

一八五四　咸豐四年　甲寅

中外新報 Chinese and Foreign gazette 創刊於寧波，初爲半月刊，旋改爲月刊。

一八五七　咸豐七年　丁巳

六合叢談 Shanghai Serial 創刊，翌年遷至日本，爲偉烈亞力(Alexander Wylie)所主編。

一八五八　咸豐八年　戊午

中外新報出版，爲中國日報之最早者。初爲間日刊，旋按日刊行。附於英文孖剌報，伍廷芳博士主其事，華人創辦報紙，締造匪易，入民國始行停刊。繼中外新報者又有羅郎也之「近事編錄」。

一八五九　咸豐九年　己未

太平天國軍師干王洪仁進呈「資政新編」，其中有設新聞館之議，以收民心，公議各省郡縣貨價低昂，事勢變化云。

一八六一　咸豐十一年　辛酉

香港新聞出版，爲孖剌報China Mail之副刊，爲純粹商業性質之雜誌。

一八六二 同治元年 壬戌

上海新報發刊，爲字林西報之中文版，二日一刊，洪楊時代，風行海內。

中外雜誌 Shanghai Miscellany 出版，月刊一册，爲英人麥嘉湖所主辦。

一八六四 同治三年 甲子

華字日報出版，爲陳藹亭所主辦，初爲德臣報之中文報，篇幅僅及今日四分之一，材料繙譯西報及轉載京報爲主，今猶存立於香港，爲中國最老報紙之一。

一八五六 同治四年 乙丑

中外新聞七日錄 Chinese and foreign Weekly News 創刊，査美司所主持，在廣州印行。

一八六八 同治七年 戊辰

教會新聞創刊於上海，林樂知主其事，每周發行，專載宗教，至三百期易名美國公報，兼談政教。後兼出益知新錄，中西教會報。

一八七一　同治十年　辛未

中外見聞錄發刊於北京，由京都施醫院編輯。後而名格致彙編。

一八七二　同治十一年　壬申

上海申報出版，初爲英人美查所辦，後爲席氏接收，入民國後歸史量才氏，以歷史悠久，執全國牛耳。

一八七三　同治十二年　癸酉

昭文新報創刊於漢口，艾小梅所主倡，爲華人自辦報紙之始。

一八七四　同治十三年　甲戌

循環日報出版，王韜主幹，今猶獨立於香港。

匯報創刊於上海，爲容閎所發起，後易名爲「彙報」。又易名「益報」，首有新聞目錄，爲今日報紙提要之先河。

一八七五　光緒元年　乙亥

小孩月報 Child's Papa 出版於上海，爲范約翰主編，文字淺近，印刷亦精，後改名「開風報」。

一八七六　光緒二年　丙子

「新報」出版，中英並列。

一八七八　光緒四年　戊寅

「益聞錄」在上海出版，後與格致新聞合併，易名格致益聞滙報，又簡稱滙報，而分別出版；「科學彙編」暫停，「時事彙編」，後易名聖教雜誌。

一八八〇　光緒六年　庚辰

圖書新報創刊，為聖教書會所出版，按月發行。

一八八一　光緒七年　辛巳

津滬電線初通，申報用以傳遞諭旨。

一八八二　光緒八年　壬午

字林報之中文版滬報創刊，後售於東亞同年會，改名同文滬報。

一八八四　光緒十年　甲申

中報每旬附刊一「畫報」，爲吾國報紙增刊之始。

一八八六　光緒十二年　丙戌

天津時報出版，爲德璀琳笳臣所合辦，李提摩太爲主筆。每日有社論，每周有插畫，另刊有「時事新論」。

李提摩太氏草「新政策」獻於清庭，力陳設立報館之要。

益聞月刊發刊於漢口。

一八九三　光緒十九年　癸巳

廣報發刊於廣州。

新聞報創刊，初爲中江中外人士所合營，後爲福開森出資購得，旋改公司，今歸國人自營，汪氏父子實主要政。

一八九五　光緒二十一年　乙未

強學書局成立，發行中外紀聞。

官書局報及官書局彙報出版。

上海強學報發刊。

德國勒立門發刊「日聞」，爲外人在中國創刊中文報紙之始。

一八九六　光緒二十二年　丙申

時務報發刊，梁啟超主幹，在上海印行，風靡一時。

一八九七　光緒二十三年　丁酉

政聞社發刊政聞。

嚴復創刊國聞報。

澳門發刊知新報。

長沙發刊湘學新報。

杭州出版經世報。

一八九八　光緒二十四年　戊戌

清議報發刊於橫濱。

御史宋伯魯奏請上海時務報改爲官報，旨命康有爲督辦。

清廷從學士瑞洵之奏，下旨廣設報館。

無錫白話報出版，爲裘毓芳女士所創辦，爲女子服役報界之始。

一八九九　光緒二十五年　己亥

中國日報出版於香港，爲革命報紙之一，言論激烈，開革命先聲。

一九〇〇　光緒二十六年　庚子

先是當道提倡閱報，至是上諭禁閱。

一九〇一　光緒二十七年　辛丑

新小說報，新民叢報創刊，皆新會梁任公所主編。

直督創刊北洋官報及北洋學報。

北京順天時報出版。

一九〇二　光緒二十八年　壬寅

蘇報（胡璋主辦）出版。

陳擷芬創辦「女報」。

一九〇三　光緒二十九年　癸卯

國民日日報創刊，爲蘇報中人所發起，由外人出名，清庭禁止無效。

御史高昌生年請刋諭旨閣鈔，旨令朝事發交報房刋行。

蘇報案起，鄒容章炳麟入獄。

商務印書館編譯之「新聞學」出版，爲新聞學問世之最早者。

一九〇四　光緒三十年　甲辰

上海時報創刊，主辦爲狄楚青氏。

一九〇五　光緒三十一年　乙巳

民報（編輯者初爲張繼，後爲章炳麟）出版於東京，執筆有胡漢民汪精衛等。

一九〇六　光緒三十二年　丙午

汪康年創辦京報於北京。

商務官報創刊，爲部報之始。

清廷刋布大清印刷物專律。

一九〇七　光緒三十三年　丁未

清廷刊布報律。

政治官報出版。

一九〇八　光緒三十四年

時事新報創刊於上海。

一九〇九　宣統元年　乙酉

民呼報出刊，主辦人爲于右任氏，旋被封，談善吾續辦民吁報。

一九一〇　宣統二年　庚戌

中國報界俱進會成立。

國風報創刊，北京文字獄興。

一九一一　宣統三年　辛亥

政治官報改爲內閣公報。

武昌軍政府發刊中華民國公報。

一九一二　中華民國元年　壬子

南京臨時政府發行臨時政府公報。

一九一三　中華民國二年　癸丑

上海廣學會之「實用新聞學」出版。

一九一四　中華民國三年　甲寅

袁世凱公布報紙條例及出版法。

一九一五　中華民國四年　乙卯

時報記者黃遠庸（遠生）被殺於舊金山。

中國新聞界代表參加世界報界大會。

民國日報創刊，爲中國國民黨黨報之巨擘。

大中華，新青年出版

一九一六　中華民國五年　丙辰

國人創辦通訊社之議起，北京新聞編譯社即於是時出稿。

一九一七　中華民國六年　丁巳

廣州軍政府公報發行。

一九一八　中華民國七年　戊午

北京晨報創刊。

一九一九　中華民國八年　己未

新聞學（徐寶璜著）出版。國立北京大學設立新聞學研究會。

一九二〇　中華民國九年　庚申

全國報界聯合會成立。

商報創刊於上海。

一九二一　中華民國十年　辛酉

時報創刊附刊圖畫時報。

一九二二　中華民國十一年　壬戌

中報調查全國出版物共一千一百三十四種。（日刊五百五十種）

一九二三

國聞通訊社成立，爲通訊社中較有組織者。

申報舉行五十週紀念。

一九二三　中華民國十二年　癸亥

北京平民大學新聞學系刊行級刊一種。

一九二四　中華民國十三年　甲子

女子日日新聞創刊於北京。

一九二五　中華民國十四年　乙丑

京報邵飄萍氏，社會日報林白水氏遇害於北京。

管理新聞營業條例公布。

一九二六　中華民國十五年　丙寅

北京中外報章類纂社調查全國出版物，日刊六百二十八種，通訊社一百五十五家。又出版法明令廢止。

一九二七　中華民國十六年　丁卯

北京新聞學會成立，刊行新聞學刊，黃天鵬編輯，爲吾國有新聞學專門刊物之始。

一九二八　中華民國十七年　戊辰

北京「新聞周刊」出版。

報界呈請減輕郵電，時稱自由運動。

上海申報舉行二萬號紀念。

一九二九　中華民國十八年　己巳

新聞學刊改組報學雜誌。

上海新聞報收歸國人自辦。

國民政府宣布出版條例原則。

二　新聞發展簡明圖表（上係西曆年表左為報紙數目）

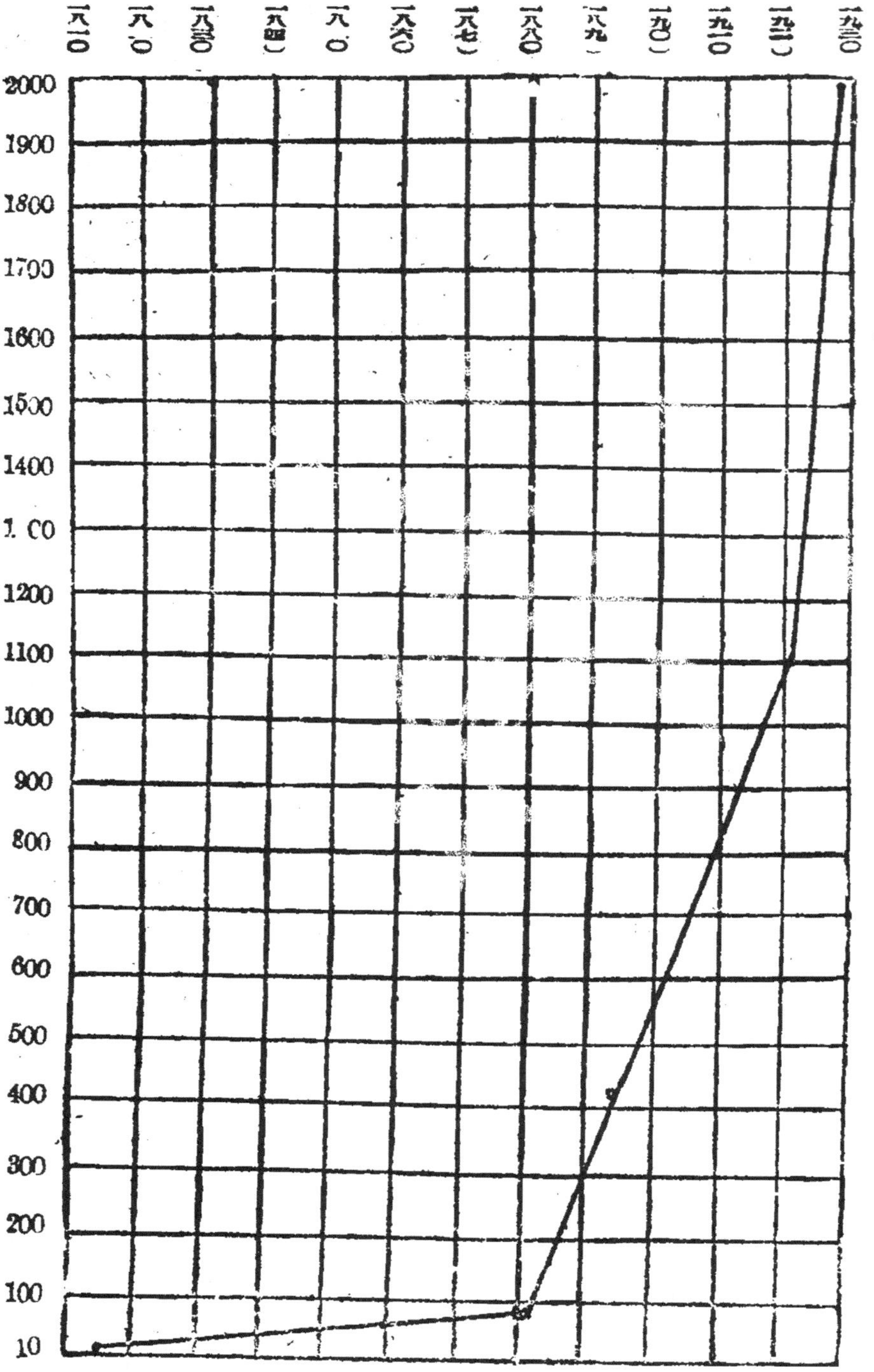

天廬逍遙閣新聞學藏書編目

弁言

新聞紙者，現代之史也。新聞學者新聞紙之史也。吾人治史，夙著盛譽，而於治報，則遠不如西土。此無他，蓋新聞事業乃近世新興之科學，而導源于歐美，吾人急起直追，乃晚近數十年之事。職是之故，往昔國人對新聞紙既有漠視之心，遂任其湮沒散佚，新聞論著亦復蕩然無存。十數年前，予初治新聞學時，每以爲憾，遂發搜集之願，以供治學之助。客都門時，所得最富，斷簡殘篇，珍若供璧，其殘闕不完者，則粘補求全，鎮日瑣之，不辭瑣屑，積之既久，卷帙日繁，復依科學化之剪報方式，分爲若干卷，並作一編目，以便查考。初刊於新聞學刊，略而未詳，茲復加以增訂成此新目。

全目編製，暫分（一）新聞紙之部：自京報邸鈔以迄政府公報等官報都三十七種；自察世俗無用統記傳以迄神州日報等民報都一百五十四種；世界各國文字報紙共得十七種。（二）

新聞學之部，自新聞學以迄新聞學報等都五十種，即本書所附錄者；英文一百七十九種（一部份曾刊新聞學刊），日文一百十五種，爲最近自日京搜羅者；其他各國文字共得廿三種。又有關係科學如廣告印刷速記等八十四種。將來卜居後，擬重加釐訂，按圖書館目錄例，刊行編目容較有可觀者。戊午夏日新史氏識于海上逍遙閣。

書名	著者	出版者
新聞學	松本君平	商務印書館

按原書爲日人松本君平講述，一名歐美新聞事業，日本明治三十三年東京博文館刊行，上海商務印書館編譯所翻譯，有清光緒二十九年出版，爲我國有新聞書之始，今已絕版。

書名	著者	出版者
實用新聞學	休曼	上海學廣會

按原書爲美人休曼所著，史青翻譯，上海學廣會刊行，由商務印書館代印。原書民國二年出版。

書名	著者	出版者
上海報紙小史	姚公鶴	商務印書館

按該稿曾刊於東方雜誌，後收入「上海閒話」下卷，民國六年出版，（定價六角）。

書名	著者	出版者
考察日本新聞記略	包天笑	商務印書館

按民國六年十月上海新聞界同人，組織赴日視察團，是書即記其參觀之所得，於翌年六月出版。（定價四角）

新　聞　學　徐寶璜　北京大學出版

按是書爲徐氏在國立北京大學新聞學研究會講稿，原名新聞學大意曾刊東方雜誌北京大學日刊新中國等出版品，爲國人自著新聞學之嚆矢，民國八年出版。

新聞評議　孫俊壹　蘇州王大日報館

按該書于民國九年出版。

時報館紀念册　陳　冷　上海時報館

按該册爲新屋落成紀念而作，民國十年出版，非賣品。

新聞與新聞記者　黃天鵬　新聞學會

按該書于民國十一年印行，今已絕版，非賣品。

最近五十季　黃炎培　上海申報館

按該書爲申報五十周年紀念而作。全書分三編，其第三編爲新聞事業，民國十一年出版。（定價十元）

新聞報三十週年紀念　李伯虞　上海新聞報館

按該書爲三十周年紀念而作，民國十一年出版。

應用新聞學　任白濤　中國新聞學社

按原書係仿日人杉村氏所著「最近新聞紙學」之體例而作，民國十一年出版，今歸上海亞東圖書館發行。（定價一元二角）

實際應用新聞學　邵飄萍　京報館

按是書一名新聞材料採集法，曾充北京平民大學新聞學系講義，末附日本普通新聞學，周吉人譯，民國十二年出版。（定價一元）

新聞紙改造　王解生　新聞學研究社

按書末附一「改造的報」民國十二年出版。（定價一角）

新聞事業　徐寶璜　胡愈之　商務印書館

按該書爲東方文庫第三十種，分新聞學大意與歐美新聞事業二卷，民國十二年出版。（定價一角）

北京平民大學新聞學系級刊　王豫州　北京平民大學

按該刊每半月出版一次，三期後停版，民國十三年發行。

新聞學總論　邵飄萍　京報館

按該書爲北京法政大學講義，民國三十年發行。（定價一元）

新聞學大綱　伍　超　商務印書館

按該書于民國十四年出版，後因故毀版。

新聞學撮要　戈公振　上海新聞記者聯歡會

按該書爲美人開樂凱所著，書末有關係新聞事業之附錄十數件。民國十四年出版，十八年再版，附錄改爲譯者周遊世界之言論與圖畫，今由商務印書館代售。（定價八角）

新聞大學章程　張秋白　北京新聞大學

按新聞大學於民國十四年成立，旋改爲民族大學，不久宣告停辦。

世界報紙大觀　李昭實　上海時報館

按該書爲時報國慶增刊，選錄世界著名報紙一百五十五種精印，附以小史。民國十四年出版。

新聞學刊　黃天鵬　北京新聞學會

按該刊以提倡新聞事業研究新聞學術爲宗旨，爲我國新聞界有專門刊物之始，按季刊行，於民國十六年一月出版，北京新書林發行。另有增刊一張由王一心編輯，猶報附送。

新聞事業與社會組織　安傑爾　上海北新書局

按該書爲張友松所譯，民國十六年出版。（定價三角）

中國新聞發達史　蔣國珍　世界書局

按該書于民國十六年出版。（定價三角）

紐　斯　毛壯侯　中華新聞學會

按該刊附于天津庸報出版，每週一期，十二期後停版。創刊號於民國十六年五月發行。

新聞周刊　黃天鵬　中國新聞學會

按該刊附于北平全民日報，每週一次，第三期後由張一葦編輯。創刊號於民國十七年八月出版。

中國報學史　戈公振　商務印書館

按該書爲戈氏在上海國民大學之講稿，于民國十七年出版（定價三元）

新聞編輯法　張九如　周蕅青　中華書局

按該書專爲兒童而作，故極淺顯。民國十七年出版（定價五角）

中國的新聞記者　張靜廬　上海光華書局

按是書原擬爲吳淞黨務訓練所講稿，後加以修正而成。于民國十七年出版。（實價二角五分）

新聞記者　夫賴塔格　商務印書館

按是書爲柯一岑所譯，係一部劇本。民國十七年出版（定價六角）

逍遙閣新聞學叢書　黃天鵬　著作林

按該書分（一）報學概論（二）報界公案（三）報壇逸話（四）新聞講話（五）望平街上（六）世界新聞事業（七）無冠天子南巡記（八）新聞年鑑八種。由著作林印行。

中國的新聞紙　張靜廬　上海光華書局

按該書于民國十七年出版。（實價二角五分）

最新實驗新聞學　周孝庵　上海時事新報館

按是書爲周氏所創辦上海新聞大學函授科講義，重加增訂而成，於民國十七年出版。（實價一元二角）

申報二萬號紀念册　陳　冷　申報館

按該册即集民國十七年十一月十九日該報二萬號紀念刊而成。（非賣品）。

小報審查　上海市教育局

按該刊于民國十七年出版，附上海小報調查。

新聞事業進化小史　黃汝翼　上海中央日報館

按該書係黃氏所著新聞學撮要之一節，于民國十七年出版。（非賣品）

報學雜誌（月刊）　黃天鵬　上海光華書局

按該刊係繼承新聞學刊社出版。創刊號于民國十八年三月發行。（全年二元）

上海之報界　上海日報公會

按民國十八年五月上海日報公會組織東北觀察團，特編是刊，以資宣傳。（非賣品）

新聞學名論集　黃天鵬　上海聯合書店

按該書原名新聞論集，爲新聞學論文集之後編，後改今名。黃氏海外歸來重加編訂，又删若干，增加若干，爲增訂本。民國十八年出版。（實價一元）

新聞學論文集　黃天鵬　上海光華書局

按是書係選輯數十年來關于新聞學之論著而成。民國十九年出版。（實價九角）

民治新聞學院章程　顧執中　民治新聞學院

按該院于民國十七年成立。十九年增訂章程印行。

言論自由　上海報學社

按該刊于民國十八年創刊

新聞事業經營法　吳定九　上海聯合書店

按該稿一部份曾刊報學雜誌，民國十九年出版（實價三角）

報學叢刊　黃天鵬　上海光華書局

按該刊即報學雜誌（月刊）第一卷合訂本，民國十九年出版。（實價八角）

新聞學刊全集　黃天鵬　上海光華書局

按該全集以還新聞學刊各期材料而成，分八篇。民國十九年出版。（實售一元三角）

新聞文學概論　黃天鵬　上海光華書局

按是書爲黃氏留日新聞研究論文之一，民國十九年出版。（實價一元）

新聞概論　杉村廣太郎　上海聯合書店

按是書原爲朝日常識講話第十卷新聞之話，由王文萱譯，黃天鵬校，民國十九年出版。

新聞紙研究　後籐武男　上海光華書局

按原書爲日文，由俞康德君譯，黃天鵬校，民國十九年出版。

中國新聞記者與新聞紙　張靜廬　上海光華書局

按該書以合中國的新聞記者與中國的新聞紙而成。民國十九年出版。

記者周報　上海新聞記者聯合會

按該刊於民國十九年五月創刊，由戈公振周孝庵李子寬三人編輯，

新聞學報先聲　黃天鵬　上海新聞學報館

按黃氏擬合併新聞學刊與報學雜誌爲新聞學報，特先發刊新聞學報先聲，以爲發端。一名新聞之光。

★　★　★　★

右爲論新聞專籍部五十種。其他有關係之科學如廣告（廣告與人生，廣告學等），如印刷（中國雕刻源流考，印刷術等），如速記（最新國語速記學，速記術等），如電碼（親民電碼，電碼新編等），如論載，（遠生遺著，新聞選讀等等），皆爲治報者所必讀，茲以限於篇幅，不克備錄。

图书在版编目（CIP）数据

中国新闻事业 / 黄天鹏著. —北京：中国传媒大学出版社，2018.3
（中国近代新闻学名著系列丛书 / 芮必峰主编）
ISBN 978-7-5657-2253-0

Ⅰ.①中… Ⅱ.①黄… Ⅲ.①新闻事业史—研究—中国—民国 Ⅳ.① G219.296

中国版本图书馆 CIP 数据核字（2018）第 043542 号

中国近代新闻学名著系列丛书
芮必峰 主编
中国新闻事业（上下）
ZHONGGUO XINWEN SHIYE（SHANG XIA）

著　　者	黄天鹏
策划编辑	司马兰　姜颖昳
责任编辑	姜颖昳
封面设计	拓美设计
责任印制	阳金洲
出版发行	中国传媒大学出版社
社　　址	北京市朝阳区定福庄东街 1 号　　邮编：100024
电　　话	86-10-65450532 或 65450528　　传真：010-65779405
网　　址	http://www.cucp.com.cn
经　　销	全国新华书店
印　　刷	北京华联印刷有限公司
开　　本	787mm × 1092mm　　1/16
印　　张	22.5
字　　数	210 千字
版　　次	2018 年 6 月第 1 版　　2018 年 6 月第 1 次印刷
书　　号	ISBN 978-7-5657-2253-0/G · 2253　　定　　价　98.00 元（全二册）

中国近代新闻学名著系列丛书

芮必峰◎主编

中国新闻事业（上）

—— 黄天鹏◎著 ——

中国传媒大学出版社

·北京·

编 委 会

主　编 芮必峰

副主编 姜　红　刘　勇

编　委 贾　南　周　彤　张冰清　侯普曼

出版说明

本丛书整理再版了近代在中国用中文出版的经典新闻学著作，所涉及的图书既有专著、教材，也有译著，全面涵盖了新闻学理论、新闻业务、新闻史等领域，成书年份前后跨越40年。在这40年间，中国的新闻学科从无到有、从借鉴到创新，成就巨大。对这些著作的再次出版，为研究中国近代新闻学提供了珍贵的史料，绘制了中国近代新闻学的全景，度量了中国近代新闻学的厚度，填补了该领域空白，也为纪念中国新闻学诞生100周年献上了一份厚礼。

我们请中国人民大学新闻学院教授、博士生导师，广西大学新闻传播学院院长，教育部社会科学委员会委员兼新闻传播学科召集人郑保卫，及中国传媒大学传播研究院院长、教授、博士生导师，中央实施马克思主义理论研究和建设工程新闻学首席专家雷跃捷对本丛书的内容进行了审定，并根据专家的意见进行了修改。在此对两位专家所付出的辛勤劳动表示衷心感谢。

由于历史原因，本丛书中的个别图书存在一些问题，为保存历史原貌，为研究者提供一手的参考资料，影印时均基本保持其原貌，未作大的删改，希望读者结合当时的历史条件和历史环境，对其中的观点进行批判性借鉴。原书中存在一些错别字、漏字和排版错误，我们在影印时均未做改动，敬请读者注意。

由于原书出版年代久远，本丛书中的许多书籍难觅其踪，存世数量稀少，版权状况极其复杂。为了保证本丛书的学术性和完整性，我们将具有价值的图书先行选入其中，进行了抢救性发掘，力图保存中国新闻史珍贵的历史资料。版权所有人若有异议，请及时与我们联系。

为更好地体现中国近代新闻学的发展脉络，本丛书特别收录了欧美学者休曼的《实用新闻学》、斯蒂德的《新闻学的理论与实际》；日本学者松本君平的《新闻学》、后藤武男的《新闻纸研究》、杉村广太郎的《新闻概论》。当年这些书的出版对中国近代新闻学具有一定的借鉴意义。

本丛书为影印制作，成书清晰度由原书决定，由于出版年代久远，受当时生产力水平及制作方法限制，难免会存在一些缺陷，敬请读者谅解。

中国传媒大学出版社

总　序

如果从1903年商务印书馆编译出版日本人松本君平的《新闻学》算起，中国的新闻学已有115年历史[①]。如果从1918年北大新闻研究会建立，徐宝璜开办新闻学讲座算起，中国新闻学教育和研究迄今正好100年历史。我们搜集整理了清末至民国期间一些有代表性的新闻学书籍，希望借此重现早期中国近代新闻学的本来面貌，反映我国新闻学发展的历史脉络，我们认为，这对中国新闻学术、教育史研究以及中国近现代思想史研究都是很有意义的。

从1903年到1949年9月的40多年间，我国公开出版和内部印行的新闻学书籍，包括专著、教材、论文集、资料汇编、参考工具书等，约468种之多。[②]它们集中反映了我国新闻学的历史发展轨迹。然而，由于多种原因，这些书籍除了几本曾被重印出版外，大多已经是“只闻其名、难觅其踪”，这对我国新闻学研究不能不说是一个遗憾。

本丛书在梳理1903—1949年间出版的有代表性的新闻学书籍的基础上，精选了50部著作，校订注释，编纂再版，也算对这一遗憾的弥补。

从我们挑选的这50部新闻学书籍来看，中国早期新闻学的发展有三个鲜明的特点：

一、中国早期新闻学的发展与中国社会发展，尤其与国家民族利益息息相关

40多年间，中国新闻学从近乎空白到勃然而兴，这与中国社会的动荡、变

① 黄天鹏回顾新闻运动时说：“有清光绪二十八年，商务印书馆刊行《新闻学》一书，为我国人知有新闻学之始，原书为日人松本君平所著……”资料来源：黄天鹏．新闻运动之回顾［A］．黄天鹏．新闻学名论集［C］．上海：上海联合书店，1929．

② 林德海，等．中国新闻学书目大全1903—1987［M］．北京：新华出版社，1989．

革休戚相关。西方新闻学是现代化的产物，最早形成于19世纪末20世纪初。1901年，“新闻学”一词首见于中文报章[①]，但直到民国前夕，国人对于“新闻有学乎”尚存疑，认为报社就是新闻人才的“养成所”。至1912年上海报业俱进会以“吾国报业之不发达……其最大原因，则为无专门之人才”[②]为由，号召组织报业学堂，培养报业专门人才。不难看出，此时新闻界亦将新闻学视为办报之“技”。至1918年邵飘萍为徐宝璜《新闻学》作序仍“窃叹我国新闻界人才之寥落，良由无人以新闻为一学科而研究之者”[③]。黄天鹏把1903年至1918年新闻学研究会建立之前的十余年视为中国新闻学的启蒙期。[④]

1918年，随着以启蒙为目标的新文化运动愈演愈烈，新思潮涌入国门，“新学”“西学”站在旧传统的对立面被学界关注，新闻学思想也不例外。作为公学之首和新文化运动中心的北京大学率先开办新闻学研究会，力证了“新闻学”存在的正当性；徐宝璜《新闻学》一书问世，成为中国新闻学理论的奠基之作。新闻学教育兴起，新闻学研究著作渐盛，待到北伐前夕，中国新闻学从学理上和实践上俱已建立起来。

新文化运动后期，马克思主义传入中国，资本主义文明逐渐“祛魅”。之后的大萧条使得西方国家的痼疾暴露无遗，曾经“理想之彼方”的西方报业也难以幸免。在这一时代背景下，如何建立“吾国之报业”成为新闻学研究的热点，围绕这一热点，一方面，关于中外新闻理论、新闻事业、新闻业务的著作日益涌现；另一方面，军阀对于激进言论的暴力摧残，又引发了新闻人对于言论自由的论争。20世纪20年代的中国新闻学呈现百家争鸣之势。

“在这言论自由纷争之际，也有若干论调，认为新闻纸不过是一种政治宣传的工具，在新闻学方面也唱过所谓社会主义的新闻理论，不过这种论调没有完成，当头的国难已把这种理论粉碎。”[⑤]“九一八”事变后，面对空前的民族危机，“国家至上、民族至上”成为国论，报业成为勾连与动员社会的渠道和网络，

---

① 梁启超．本馆第一百册祝辞并论报馆之责任及本馆之经历［J］．清议报，1901（100）：1–8．

② 戈公振．中国报学史［M］．上海：上海书店，1989：278．

③ 徐宝璜．新闻学［M］．长春：时代文艺出版社，2009：7．

④ 黄天鹏．四十年来中国新闻学之演进［M］//龙伟，任羽中，王晓安，何林，吴浩．民国新闻教育史料选辑．北京：北京大学出版社，2010：149．（以下征引本书时，一律简注为《民国新闻教育史料选辑》。）黄天鹏在此文中提出他对于1903年到战事结束的40余年间中国新闻学发展阶段的划分，原载《中国新闻学会年刊》第1期，1942年9月。

⑤ 黄天鹏．四十年来中国新闻学之演进［M］//民国新闻教育史料选辑．北京：北京大学出版社，2010：161．

致力于推动“舆论统一”。直到全面抗战中期之前，以战争宣传动员为主要研究目标的“战时新闻学”都是新闻学研究的热点。

1943—1949年中华人民共和国成立前夕，随着战争形势的转变，抗日战争已现胜利的曙光，中国新闻学人开始构想新闻业的未来。萨空了[①]于1943年开始着手书写《科学的新闻学概论》，旨在提醒新闻人应“鉴于美英的前车”[②]，避免报纸“为大财阀资本家所独占”[③]，“积极地设法使报纸成为大多数民众自己的相互报道消息、提供意见的工具”[④]。

二、中国新闻学是“西学东渐”的产物，中国早期新闻学人大多具备西学背景

“西学东渐”的内在精神是中体西用。在“用”的招牌下，西学大量涌入。中国新闻学直接引自日本和美国。首先，中国最早的新闻学译著分别为1903年商务印书馆编辑出版的松本君平的《新闻学》和1913年美国记者休曼著、史青编译的《实用新闻学》。前者成为中国新闻学的开端，而后者作为美国第一本新闻教育著作，“提供采访编辑各种实际问题的解决方案”[⑤]，也奠定了中国新闻人对于新闻教育之作用的基本构想。

早期中国新闻学人大多具备留美留日的求学背景。徐宝璜曾于美国密歇根大学修习经济学与新闻学，其《新闻学》（1919）的参考文献包括在美国出版的图书23种、在英国出版的图书7种，印证了时任北大校长蔡元培所言，“新闻学之取资，以美为最便矣”[⑥]。任白涛求学日本早稻田大学政治经济学系时，加入了《朝日新闻》名记者杉村楚人冠等筹建的“大日本新闻学会”[⑦]，《应用新闻学》

① 萨空了（1907—1988）四川成都人，蒙古族，笔名了了、艾秋飚，记者、主编、新闻学家。1927年任《北京晚报》《世界日报》编辑记者、《世界画报》总编辑。曾任教民国学院新闻系、北京新闻专科学校。1935年任上海《立报》副刊主编、总编辑兼经理。中华人民共和国成立后任中央人民政府新闻总署副署长兼新闻摄影局局长、出版总署副署长、全国政协副秘书长兼《人民政协报》总编辑等职。负责主编《中国大百科全书·新闻出版》卷，著有《科学的新闻学概论》《科学的艺术概论》《宣传心理研究》等。

② 萨空了. 科学的新闻学概论［M］. 香港：文化供应社，1946：36.

③ 萨空了. 科学的新闻学概论［M］. 香港：文化供应社，1946：36.

④ 萨空了. 科学的新闻学概论［M］. 香港：文化供应社，1946：36.

⑤ 黄天鹏. 四十年来中国新闻学之演进［M］//龙伟，任羽中，王晓安，何林，吴浩. 民国新闻教育史料选辑，北京：北京大学出版社，2010：157.

⑥ 邓绍根. 中国新闻学的筚路蓝缕：北京大学新闻学研究会［M］. 北京：清华大学出版社，2015：228.

⑦ 1915年《朝日新闻》的杉村楚人冠等在庆应义塾大学创办“新闻研究会”并讲授课程，后根据该讲义出版了《最近新闻纸学》（1918）。其时，杉村楚人冠还兼任“大日本新闻学会”的筹建者与学会新闻讲座讲师。

(1922)正是仿照杉村楚人冠《最近新闻纸学》一书体例所做。[①]邵飘萍的《实际应用新闻学》(1923)亦参考了《最近新闻纸学》。[②]杉村楚人冠深受美、德新闻思想熏陶,美、日、德的新闻思想因故才传到中国。

事实上,正是留美、留日学生群体的新闻学著述构建起了中国早期新闻学的基本框架。仅本丛书所涉国内著(编)者30人中,剔除资料不详者3人,有留学经历者共计15人。其中留美5人:徐宝璜、伍超、赵敏恒[③]、戈公振[④]、曹用先[⑤];留日8人:吴定九[⑥]、邵飘萍、黄天鹏、任白涛、张友渔[⑦]、谢六逸、袁殊[⑧]、王文萱[⑨];

① 周光明. 近代新闻史论稿[M]. 北京:社会科学文献出版社,2014:276.

② 方晓红. 中国新闻简史[M]. 南京:南京师范大学出版社,1996:122.

③ 赵敏恒(1904—1961),记者、新闻学教授。早年就读于清华大学,1923年起先后于美国科罗拉多大学文学院、密苏里大学新闻学院、哥伦比亚大学新闻学院攻读英国文学和新闻学,并获新闻学硕士学位。1925年起在纽约环球通讯社当编辑。1927年回国,在国民政府外交部情报处短暂工作后加入路透社。1945年10月任《新闻报》总编,兼任复旦大学新闻学教授。

④ 留学两个及两个以上国家的,按其留学的第一个国家计。

⑤ 曹用先,女,宁波人,天津南开大学社会科毕业。1926年与未婚夫查良鉴自南开大学毕业后,同赴密歇根大学留学,1930年在该校安娜堡完婚。硕士毕业后回国,曾就职于上海商务印书馆编辑所并任教于大夏大学,1949年与查赴台,1951年4月病逝于台湾。

⑥ 吴定九(1890—1930),名鼎,字定九,嘉定人。著名报人,《京报》元勋之一,著有《新闻事业经营法》。公派赴日本名古屋学习土木工程时,与在东京政法学校读书的邵飘萍成为密友。1923年9月,私立北京平民大学设立报学系,时任京报社经理的吴定九担任教授并讲授专业课程"新闻经营法"。

⑦ 张友渔(1898—1992),原名张象鼎,字友彝,又名张忧虞,山西灵石人。法学家、政治学家、新闻学家。先后求学于山西第一师范学校,国立北平法政大学法律系。1927年任《国民晚报》社长兼总编辑。同年加入中国共产党,任中共北平市委委员兼秘书长。1930年赴日留学。"九一八"事变后回国任《世界日报》主笔及燕京大学、中国大学、民国大学、中法大学、北平大学法商学院教授,讲授宪法学、劳动法学、新闻学和日本问题。1943年起在重庆任中共南方局文委秘书长、《新华日报》社论委员会委员、中共重庆工作委员会候补委员兼政策研究室副主任、《新华日报》代总编辑等职。

⑧ 袁殊(1911—1987),中共谍报人员、记者、新闻学者。早年赴日攻读新闻学、东洋史。曾创办上海自修大学并设新闻专科。1931年3月创办的《文艺新闻》,最早揭露了左联五烈士被害的消息。1932年任新声通讯社记者,经潘汉年引介加入共产党。1942年卧底敌伪报纸《新中国报》,1945年10月转移到苏北解放区;1949年调入中央情报部门。著《记者道》《学校新闻讲话》《新闻大王赫斯特》等书;译《新闻法制论》等。

⑨ 王文萱,曾留学日本,1930年5月翻译杉村广太郎的《新闻概论》。1942年国立社会教育学院新闻系成立,王文萱在该系教授新闻业务课程。1947年年初,李宗仁授意萧一山在北平创办《经世日报》作为喉舌,任命王文萱、蓝文澄两位教授为主笔。

旅欧2人为胡愈之和储玉坤[①]（详情见表）。这些涉足新闻学研究的归国留学生兼容并蓄，汲取美、日、德等国新闻理论和马克思主义新闻思想的精华，进行本土化改良，亦从侧面反映出中国新闻学的理论来源。

三、中国早期新闻学人往往兼新闻实践、新闻教育、新闻研究于一身

1918年，北京大学新闻学研究会成立，徐宝璜负责讲授新闻学知识。他结合自身从业经验，参考欧美新闻学书目，形成课程讲义；再结合讲课心得，不断完善新闻学理论。1919年，国人自撰的第一本新闻学专著《新闻学》最终成书。徐在自序中细陈写书修书之过程："新闻学乃近世青年学问之一种，尚在发育时期。余对于斯学，虽曾稍事涉猎，然并无系统之研究。客岁蔡校长设立新闻学研究会，命余主任其事，并兼任导师。余乃于暑假中，正式加以研究，就所得著《新闻学大意》一篇，以为开会后讲演之用。……开会后，余继续研究，加以会员之质疑问难，时有心得，遂将原稿加以修改，成第二次之稿……"[②]显然，"曾稍事涉猎"指其曾经担任《晨报》主笔的工作经历。早期中国新闻学人兼具从业经验和新闻学教学经验者多会总结实践经验、丰富新闻理论、著书立说、传道授业，这种情况并不鲜见。

从早期新闻学著作的作者（编者）身份来看：本丛书涉及国内著（编）者30人，除李公凡、刘元钊和鲁风三人身份不详，仅蒋国珍[③]、项士元[④]二人没有明确的新闻从业经验。而在这25人中，更有20人兼具从业经历与从教经历。新闻学人大多具有新闻从业经历，学术研究、传承活动与新闻实践密不可分（详

---

① 储玉坤，1912年生，江苏宜兴人，笔名雨君、储华。1937年中央政治学校大学部新闻学及国际政治专业毕业。1938年1月任《文汇报》编辑兼社论撰述者；1938年5月担任《文汇报》法国哈瓦斯分社编辑；抗战胜利后，任《文汇报》总主笔。1946年5月转任《申报》主笔和法国新闻社远东分社中文部主任，兼任中国新闻专科学校教务长和沪江大学新闻系教授。著有《现代新闻学概论》《第二次世界大战史》《美国经济》。

② 邓绍根，中国新闻学的筚路蓝缕［M］. 北京：清华大学出版社，2015：244.

③ 蒋国珍出生于1896年，江苏溧阳人，做过学生运动领袖、国民党党员、教育工作者、政府职员、银行经理。曾加入上海学生运动，代表上海全国各界联合会、全国学生联合会、上海各界联合会、学生联合会四团体发声。虞文俊认为其传世的《中国新闻发达史》翻译自日本人伊藤武雄的《中国新闻发达史》，即蒋国珍应为此书的译者而非著者。

④ 项士元（1887—1959），佛教居士、学者。原名元勋，号慈圆，又号石槎。浙江临海人，通日、英、德、梵、俄文，一生佛学著作等身。25岁毕业于杭州府中学堂，后办私立小学和赤城初级师范，兼任各校教师；捐资并赠书创办了临海图书馆。项士元长期辗转江浙等地从事教育、新闻和史志方面的研究工作。中华人民共和国成立后主持台州文管会，任浙江省文史馆馆员。所著《浙江新闻史》是中国最早的新闻史之一。

见表1[①])。

从新闻学著作本身来看，许多民国新闻学书籍正是新闻实践和新闻教育的直接产物：国人自撰的第一部新闻采访学专著——《实际应用新闻学》根据邵飘萍在北京大学新闻学研究会和平民大学新闻系的讲稿所著，《新闻学总论》一书则根据邵氏国立政法大学的新闻学讲义整理而成；周孝庵[②]根据自己在复旦大学的新闻学讲义编著了《最新实验新闻学》；郭步陶[③]的《本国新闻事业》是上海市私立申报新闻函授学校讲义之十一；而《新闻学的基础知识》本就是中美日报读讯会[④]为新闻学自修者所出版的教材《实用新闻学讲义》之一；储玉坤的《现代新闻学概论》则是专门为大学新闻理论教科书而编写的（详见表2）。

正是由于早期新闻学人兼新闻实践、新闻教育、新闻研究于一身，才能为理论教学与著述提供最鲜活的案例，促使新闻实践经验迅速融入新闻学理论研究。这是近代中国新闻学迅速发展的重要因素，对于当今的新闻学研究、新闻学教育工作也有重要启示。

本丛书编委会邀请相关领域资深专家进行研讨，认真甄选了书目，仔细进行了版本比较和甄别，从而保证了本丛书较高的学术权威性。

由于历史的局限，民国新闻学书籍的不足是明显的，如学术理论不成熟、部分话语和话题打上了深深的时代烙印等；又因书中涉及的新闻稿件写作于特定历史环境和历史年代，其表达方式不严谨亦不可避免。盖所选书目皆是历史文献，我们在审校中尽量保持其历史原貌，不做大的删改；对极个别对马克思

---

① 李秀云．留学生与中国新闻学［M］．天津：南开大学出版社，2009：239-251．本书中李秀云整理了民国期间从事新闻学研究的留学生44人，并分析其留学国别构成、专业构成、新闻实践经历、从教经历等。

② 周孝庵（1900—1973），佛教学者、律师、报人。松江府人。毕业于江苏省立第一商业学校。历任上海时事新报馆记者、编辑、主编，著《最新实验新闻学》。1928年秋被复旦大学聘为新闻学教授。曾于上海法政大学获法学学士学位，1930年兼律师。1932年主编上海《新闻报》“法律质疑”栏目、编著了《法律质疑汇编》。上海沦陷后，曾氏关闭了律师事务所，潜心佛学研究。

③ 郭步陶（1879—1962），原名成爽，后改名惜，字步陶。四川隆昌人。名记者、新闻研究者。1911—1917年任《申报》编辑，1917年任《新闻报》编辑主任、主笔。1930年任教于复旦大学新闻系。上海沦陷后赴香港，任职于《申报》（香港）、《星岛日报》；1939年创建中国新闻学院（香港）并任院长。抗战胜利后回沪任教于复旦大学、新中国学院。

④ 《中美日报》是“孤岛”时期的国民党报纸，为躲避日伪新闻检查，在美商罗斯福出版公司招牌下运作，副刊有《集纳》《堡垒》等。1938年11月创刊，1941年12月停刊，1945年8月复刊，次年4月终刊。总编先后为杨勋民、查修、詹文浒，总主笔周宪文，执笔者有储玉坤、章丹枫等。胡道静曾任英文编辑。报社读讯会为自修新闻学的读者出版了《实用新闻学讲义》，共计10种，对编辑术、采访术、评论作法、新闻写作、新闻学史、剪报工作等都有专篇论述。

主义、共产党等的不适当叙述已进行了删除处理。

本丛书规模较大，从策划项目、搜集资料、校订编纂到审稿成书，历时两年有余。这50本书可能并非本本经典，其中有些内容亦有重复、雷同之处，但瑕不掩瑜，它们对于研究中国新闻学功不可没，作为新闻史资料极具研究价值。感谢中国传媒大学出版社和安徽大学新闻传播学院诸位老师的辛勤付出，也希望读者在本丛书中能读出更丰富的内容，获得启发并更深入地思考。

丛书主编　芮必峰

2018年5月7日

附表：

表1　著者受教育、从业、从教及著述情况列表

序号	姓名	是否留学及留学国家	从业经历	从教经历	著作
1	徐宝璜	美国密歇根大学，经济学、新闻学	北京《晨报》主笔	北京大学新闻学研究会、北京平民大学新闻系	《新闻学》《新闻事业》
2	戈公振	1927年赴美国、日本考察新闻事业	首创《图画时报》、“上海新闻记者联合会”会长、《申报》总管理处设计处主任兼《申报星期画刊》主编	上海南方大学新闻系、上海国民大学新闻系、复旦大学新闻系、上海沪江大学商学院、上海民治新闻学院	《新闻学撮要》《中国报学史》《新闻学》
3	邵飘萍	东京政法学校	《汉民日报》主编、《时事新报》《申报》《时报》主笔、创办“北京新闻编译社”、《京报》社长	北京大学新闻学研究会、北京平民大学新闻系、国立法政大学	《实际应用新闻学》《新闻学总论》
4	吴定九	日本名古屋工业专门学校土木工程	主持《京报》	北京平民大学新闻系、国立法政大学	《新闻事业经营法》
5	谢六逸	日本早稻田大学东洋文学史	《立报》文艺副刊《言林》主编、《国民周刊》《趣味》周刊主编	复旦大学新闻系、申报新闻函授学校、国立社会教育学院新闻系、暨南大学新闻系、大夏大学新闻系	《实用新闻学》《国外新闻事业》《新闻储藏研究》
6	黄天鹏	日本早稻田大学新闻系硕士	在北平创刊《新闻学刊》并担任主编	复旦大学新闻系、上海沪江大学商学院新闻学科	《新闻文学概论》《中国新闻事业》《新闻学入门》《新闻学概要》
7	赵敏恒	美国科罗拉多大学文学院、密苏里大学新闻学院、哥伦比亚大学新闻学院攻读英国文学和新闻学，并获新闻学硕士学位	纽约环球通讯社编辑，后加入路透社。“九一八”事变后为美国国际新闻社、伦敦《每日电讯报》《朝日新闻》等供稿。1945年10月任《新闻报》总编辑	复旦大学新闻系、中央政治学校新闻系、暨南大学新闻系	《外人在华的新闻事业》

续表

序号	姓名	是否留学及留学国家	从业经历	从教经历	著作
8	周孝庵	无	历任上海时事新报馆记者、编辑、主编；主编《上海新闻报》“法律质疑”栏目	复旦大学新闻系、新闻大学函授科	《最新实验新闻学》
9	张友渔	1930年、1932年、1935年多次赴日学习新闻学、考察日本新闻事业	《世界日报》编辑、《大同晚报》总编辑、《国民晚报》社长、《泰晤士报》总编辑、《新华日报》社论委员	燕京大学新闻系、北平民国学院新闻系	《新闻之理论与现象》《日本新闻发达史》
10	袁殊	日本新闻专科学校、早稻田大学历史系	创办《文艺新闻》《译报》、新声通讯社记者	上海自修大学新闻专科	《记者道》《学校新闻讲话》《新闻大王赫斯特》《新闻法制论》（译）
11	胡愈之	1928年法国巴黎大学攻读国际法	《东方杂志》编辑、创办《公理日报》、哈瓦斯通讯社远东分社中文部编辑主任、主编新加坡《南洋商报》		《胡愈之出版文集》
12	储玉坤	留法	《新闻报》编辑、《文汇报》编辑、法国哈瓦斯通讯社中国分社编辑、《文汇报》总主笔、《申报》主笔、法国新闻社远东分社中文部主任	中国新闻专科学校、沪江大学新闻系、之江大学新闻系、致用大学新闻学系	《现代新闻学概论》
13	任白涛	日本早稻田大学政治经济学	创办中国新闻学社、《新湖北日报》总编辑		《应用新闻学》《综合新闻学》
14	曹用先	美国密歇根大学①	上海商务印书馆编辑所②	大夏大学③	《新闻学》

① 毛彦文. 往事［M］. 北京：商务印书馆，2012：28.

② 雪林. 一段值得介绍的婚姻（红藏·生活·第四卷第三十八期）［M］. 湘潭：湘潭大学出版社，2014：435-437.

③ 毛彦文. 往事［M］. 北京：商务印书馆，2012：28.

续表

序号	姓名	是否留学及留学国家	从业经历	从教经历	著作
15	王文萱	留日①	《经世日报》②	国立社会教育学院新闻系③	《新闻概论》（译）
16	伍超	留美 “攻读新闻科”④			《新闻学大纲》
17	郭步陶	无	《申报》编辑、《新闻报》编辑主任兼主笔、《申报》（香港）、《星岛日报》编辑	复旦大学新闻系、《申报》新闻函授学校、中国新闻学院（香港）、新中国学院	《本国新闻事业》
18	任毕明⑤	无	《民国日报》《时报》《快报》主笔、《大众日报》总编辑	香港中华新闻学院	《战时新闻学》《评论学十讲》
19	赵君豪⑥	无	《申报》副总编辑	上海商学院新闻专修科、复旦大学新闻系、上海法政学院新闻专修科	《中国近代之报业》《上海报人的奋斗》

① 杉村广太郎. 新闻概论·黄序［M］. 王文萱，译. 上海：联合书店，1930.

② 冯国定. 忆萧一山先生［M］//中国人民政治协商会议北京市委员会文史资料研究委员会文史资料选编（第43辑），北京：北京出版社，1992：104.

③ 苏州大学社会教育学院. 峥嵘岁月（第三集）［M］. 北京、上海、南京、苏州校会. 1991：229.

④ 伍超. 新闻学大纲·自序［M］. 上海：商务印书馆，1925.

⑤ 任毕明，原名任大任，生于1904年，广东鹤山人。1925年在广西梧州创办《民国日报》，曾任《时报》《快报》主笔，主持过香港的《大众日报》。参与创办香港中华新闻学院，并任教。著作有《龙虎集》《风云集》《社会大学》《新社会大学》《战时新闻学》和《评论学十讲》等。

⑥ 赵君豪（1900—？）江苏兴化人。报人。“五四时期”求学于上海交通大学，经常给著名的《民国日报》副刊《觉悟》投稿，并与时任《觉悟》编辑的邵力子讨论种种社会改造问题。毕业后进入《申报》馆工作，抗战后任《申报》副总编辑。1929、1942年两度兼任复旦大学新闻系编辑教授；1930年兼任上海法政学院新闻专修科教授，讲授采访学；曾任《申报》新闻函授学校教授。1944年10月在重庆出版《上海报人的奋斗》。

续表

序号	姓名	是否留学及留学国家	从业经历	从教经历	著作
20	杜绍文①	无	杭州《民国日报》国际版编辑、《东南日报》《前线日报》主笔兼《新闻战线》周刊主编、《东南日报》总编辑、《文汇报》办公室主任	复旦大学新闻系	《新闻政策》《中国报人之路》《战时报学讲话》《国际新闻纵横谈》
21	胡道静②	无	《万有文库》编辑、上海通志馆编修、《通报》《中美日报》《大晚报》等报记者、编辑、撰稿人	上海法政学院新闻专修科	《上海新闻事业之史的发展》
22	张静庐	无	创办上海杂志公司并出任总经理		《中国的新闻记者与新闻纸》《中国近代出版史料》《中国现代出版史料》《中国出版史料》《在出版界二十年》
23	萨空了	无	《北京晚报》编辑记者、《世界日报》画刊编辑、《世界画报》总编辑、天津《大公报》艺术半月刊主编	民国学院新闻系、北京新闻专科学校	《科学的新闻学概论》

① 杜绍文（1909—？），又名杜超彬，广东澄海人。1927年入复旦大学中文学新闻组学习，1931年留校助教。后任杭州《民国日报》国际版编辑、资料室主任、浙江《东南日报》主笔。抗战期间主编浙江战时新闻学会会刊《战时记者》月刊,《国民日报》总编辑、社长；抗战胜利后任上海《前线日报》主笔兼《新闻战线》周刊主编。1946年至1951年间任复旦大学新闻系教授，1952年任上海《文汇报》记者、编委办公室主任。著有《新闻政策》《中国报人之路》《战时报学讲话》《国际新闻纵横谈》。

② 胡道静（1913—2003），安徽泾县人。1931年毕业于上海持志大学国语系。曾参加《万有文库》编辑和上海通志馆编修工作。“孤岛”时期坚守上海新闻界抗日宣传工作，任《通报》《中美日报》《大晚报》《密勒氏评论报》记者、编辑、撰稿人，同时在上海法政学院新闻专修科讲授新闻史课程，为共产党的抗日宣传培养新闻干部。1949年后历任中华书局上海编辑所编辑、上海人民出版社编审等。

续表

序号	姓名	是否留学及留学国家	从业经历	从教经历	著作
24	管照微①		复旦大学校刊编辑、1931 年兼任上海新闻社记者	兰州大学经济系	编《新闻学论集》
25	项士元				
26	蒋国珍	疑为《中国新闻发达史》的译者而非著者②			
28	李公凡	不详			
27	鲁风	不详			
28	刘元钊	不详			

① 管照微，高中就读于上海立达学园，曾与王济深、刘仲达、唐旭之等先后组织了“时潮社”和“立达剧团”。后进入复旦大学新闻系学习，与伍梦窗、林楚君、向浦、徐之津等加入了复旦大学“左联”，并负责复旦大学的校刊编辑工作。1933年12月21日因宣传左翼思想被捕，后任教于兰州大学经济系。

② 虞文俊是东亚中国新闻史研究第一人。《中国新闻发达史》译者蒋国珍初考［J］. 新闻界，2015（15）.

表2　书目

序号	年份	书名	作者	备注
1	1903	新闻学	〔日〕松本君平 著	
2	1913	实用新闻学	〔美〕休曼著 史青译	
3	1919.12	新闻学	徐宝璜① 著	北京大学 新闻研究会讲稿
4	1922.11	应用新闻学	任白涛② 著	
5	1923.8	实际应用新闻学	邵振青 著	北京平民大学、 国立法政大学讲义
6	1924.4	新闻事业	徐宝璜 胡愈之 著	
7	1924.6	新闻学总论	邵飘萍 著	
8	1925.1	新闻学大纲	伍超 著	
9	1925.2	新闻学撮要	戈公振③ 编	
10	1927.9	中国新闻发达史	蒋国珍 著	
11	1927.11	中国报学史	戈公振 著	
12	1928.9	中国的新闻纸	张静庐 著	
13	1928.11	最新实验新闻学（上）	周孝庵 著	复旦大学新闻系
14	1928.11	最新实验新闻学（下）	周孝庵 著	复旦大学新闻系
15	1930.4	新闻事业经营法	吴定九 著	
16	1930.5	新闻概论	〔日〕杉村广太郎 著 王文萱 译	

① 徐宝璜，中国新闻学者、新闻教育家。1912年毕业于北京大学，后公费留美，于密歇根大学攻读经济学、新闻学。徐宝璜在美国密苏里大学受过系统的新闻学教育。

② 任白涛，笔名冷公、一碧，河南南阳人。1911年辛亥革命后，先后担任上海《民立报》《神州日报》《新闻报》驻河南特约通讯员，参加当地反袁活动。1916年留学日本，在早稻田大学攻读政治经济学，并加入了大日本新闻学会。

③ 戈公振所著的《中国报学史》最早由上海商务印书馆出版，是研究新闻学和我国新闻事业发展史的开山之作，国内外新闻界将之誉为中国首部新闻史学权威著作。任教上海国民大学期间，戈公振开始着手《中国报学史》一书的写作。在从事新闻工作之余，戈公振致力于新闻教育事业和新闻学研究工作，曾在上海国民大学、南方大学、大夏大学、复旦大学等校新闻系和杭州暑假报学讲习所讲授新闻学方面的课程，在新闻学研究上留下了许多著述。

续表

序号	年份	书名	作者	备注
17	1930.8	中国新闻事业（上）	黄天鹏[①] 著	
18	1930.8	中国新闻事业（下）	黄天鹏 著	
19	1930.8	新闻纸研究	〔日〕后藤武男 著 俞康德 译述	
20	1930.9	浙江新闻史（上）	项士元 编	
21	1930.9	浙江新闻史（下）	项士元 编	
22	1932.7	学校新闻讲话	袁殊 著	
23	1932.8	外人在华的新闻事业	赵敏恒 著	
24	1933.4	新闻学入门	黄天鹏 著	
25	1933.10	新闻学论集	管照微 编	复旦新闻学会丛书
26	1935	实用新闻学（上）	谢六逸[②] 编	申报新闻函授学校讲义之三
27	1935	实用新闻学（下）	谢六逸 编	申报新闻函授学校讲义之三
28	1934.1	新闻学	曹用先	
29	1934.2	新闻学概要	黄天鹏 编	复旦大学讲义、上海沪江大学新闻学专修科
30	1935	上海新闻事业之史的发展	胡道静 著	
31	1936.5	新闻学讲话	刘元钊 编著	

① 黄天鹏，字天鹏，别号天庐。1927年1月，他创办了我国首个新闻学刊（1929年扩改为《报学月刊》）并任主编；他是我国新闻学术史上最早研究新闻学之产生及发展史的学者，是我国具有新闻学术史观的第一人。他于1923年就读于北京平民大学报学系，1929年留学日本,修业新研究所,旋入早稻田大学新闻系。归国后出版了《新闻文学概论》《中国新闻事业》《新闻学入门》《新闻学概要》等十余本新闻学专著。

② 谢六逸，中国现代新闻教育事业的奠基者之一。著名的作家、翻译家、教授。1917年以公费生身份赴日就读于早稻田大学。1922年毕业归国，入商务印书馆工作。后历任神州女校教务主任及暨南大学、复旦大学、大夏大学教授。1930年任复旦大学中文系主任，并创设了后来闻名海内外的复旦大学新闻系，任主任。

续表

序号	年份	书名	作者	备注
32	1936	本国新闻事业	郭步陶 编著	申报新闻函授学校讲义十一
33	1936.6	新闻之理论与现象	张友渔 著	
34	1936.11	记者道	袁殊 著	
35	1937.7	现代新闻学概论	储玉坤 著	国民党政府唯一指定大学新闻理论教科书
36	1938.7	战时新闻学	任毕明 著	
37	1938.9	中国近代之报业（上）	赵君豪 著	
38	1938.9	中国近代之报业（下）	赵君豪 著	
39	1938.10	基础新闻学	李公凡 著	
40	1939.7	中国报人之路	杜绍文 著	
41	1940.4	新闻学	戈公振 著	1932 年完稿，另有 1947 年版
42	1941	新闻学的基础知识（上）	中美日报读讯会 编	中美日报读讯会实用新闻学讲义
43	1941	新闻学的基础知识（下）	中美日报读讯会 编	中美日报读讯会实用新闻学讲义
44	1941.7	综合新闻学 1	任白涛 著	
45	1941.7	综合新闻学 2	任白涛 著	
46	1941.7	综合新闻学 3	任白涛 著	
47	1944.9	新闻学	鲁风 著	新中国自修学院约稿
48	1946.6	科学的新闻学概论	萨空了 著	另有 1945.3 出版的署名艾秋飚的版本
49	1946.11	新闻史上的新时代	胡道静 著	
50	1947.12	新闻学的理论与实际	〔英〕斯蒂德 著 王季深 吴饮冰 译	上海文化函授学校读本

羅序

黃子天鵬頃著「中國新聞事業」一書，爲東京新聞研究所論文。書成，徵序於予。

予維新聞事業者，近代促進文明之原動力也。西儒有言：「入人之國，覘其輿論，卽足以知其國政之隆替，與社會之良窳」。此誠至當之的論。吾人試觀歐美先進諸國，其新聞事業之發達，與勢力之雄偉，在在令人讚佩無已。通都大邑，報館林立，固無論矣；卽窮鄉僻壤，亦莫不有輿論之機關。上自執政官吏，下至販夫走卒，幾乎無人不閱報，無時不閱報。報紙之銷行額，大者恆超百數十萬，小者亦輒在十數萬以上。舉凡國政之得失，民間之利弊，靡不息息相通，革新遷善立見。故從事新聞業者，具有非常之權威，負有無限之責任。所謂「無冕帝王」之尊號，固可受之而弗愧，其高貴爲何如也！今遠者姑不具論，就以東鄰之日本而言，其新聞事業繁榮之巨績，已大有可觀，僅東京之一偶，每日銷行之新聞，數逾三百餘萬，他如周刊月報，更僕難數。經營斯業者，設備之完善，報道之敏捷，與夫對政府行政之監督，社會文化之倡導，皆足以示從業者服務人羣之決心，與促進文明之功績也。故世人每謂明治之維新，蕞爾三島一躍而爲東方之英吉利，新聞事實與有力焉，非溢譽之辭也。

返觀我國如何，新聞事業起源雖早，而發展則極遲滯，既不能與歐美並駕齊驅，即比之東鄰小邦，亦瞠乎其後。一方由于教育實業交通之未發達，與社會秩序之不寧，人民輾轉于困苦愚昧中 遑問其參預國家社會之大計，而養成閱報之興趣；一方由于新聞體質之簡陋，與新聞人才之缺乏，未能以較善之新聞紙，供獻于一般民衆。至若言論之未獲自由，不過一時之現象，未足以羈其猛進也。茲者國政已入訓政時期，建設事業日興，新聞界亦有根本之覺悟，從事于新聞教育之提倡，將來之發揚光大，正可以日本之情形推測之，必有驚人之偉大成績也。

吾邑天廬主人，從事新聞事業有年，對斯業之改革，夙所倡導，歷主新聞學刊報學雜誌筆政，海內靡然從風。茲復本其十年之研究與經驗，並留日考察之所得，著爲「中國新聞事業」專書，蔚成鴻製鉅籍，凡斯業以往之變遷，現時之狀況，將來之趨勢，莫不條具縷述，總攬無遺，發前人所未言，尤有獨見之識。予佩其抱負之宏，與此書之有造于新聞界也，爰爲之序。

中華民國十八年冬日　羅翼羣序于東京駐日留學生監督處

自序

昔歲東渡，治學新聞研究所，從永代靜雄先生遊；新聞大學廿四講座修畢，所例須為論文，因作「支那の之新聞紙業」應命，今復略事增訂，成為「中國新聞事業」一書。腹稿懷諸三年，執筆時未逾月，倉卒付梓，愧無可觀，特私願為斯業著述之前導，並以就正有道君子耳。

世界新聞事業之起源，以吾華為最古，而發展亦最遲，論者每歸咎於環境之困阨，此固一大原因。然吾人不能謂必須待社會之進步，而後新聞事業始發達也，二者互為因果，而新聞事業立於時代之前頭，篳路藍縷之功，責無旁貸，故闡明其學術，而督進其發展，乃今日最要之圖也。

國人論報之書，予數見之矣，或偏談學理，或迻譯西事，而紀實之作，則尚未之覯。予於此有宏願焉，一欲以歷史之眼光探討新聞事業之過程，及其對社會文化之影響，而審定其在學術上之位置；二欲以自身十年治報之經驗，紀述新聞事業之現狀，與其應興應革之事端，露布世人所目爲報館之謎，而共扶掖斯業之發展；三欲以海外觀察之所得，鑒既往示將來，俾不復履先進者之覆轍，而獲遄致緒坦蕩之大道。秉此三義，而抒予之所見焉。

以今日之情形言之，新聞事業固尙在發軔時期，然已引起國人之注意與研究之興趣，其本身亦日在長足進展中，誠一可喜之現象。在最近之將來，教育普及，實業發達，交通開展，科學昌明，則新聞事業受其誘掖推進，必更有偉大之成功。而今之計，則在專門人才之養成，與社會對新聞事業之認識，以共同發揚光大此鴻業，本書私願貢其一得之愚也。

此書原稿，本爲留日所作，辱承東京新聞研究所所長永代靜雄先生弁言，因印刷關係，未及刊布，特道歉意。又承汪太玄公使，羅逸廬監督，寵錫題序，並誌謝忱。

中華民國十九年六月　　　普寧黃　鵬

中國新聞事業目錄

第三章　新聞事業之變遷

第四章　新聞事業之勃興

第七章　新聞事業附錄

第一章　新聞事業緒論

第一節　新聞事業之特質

新聞事業之特質如何，此爲治新聞事業者所應首先認識者也。世人之論新聞事業者曰：人類公共之機關也，民衆輿論之代表也，廣義之社會教育也，各種藝術之綜合也，一般人之必需品也。歐美人士多主此說而日人持之尤摯。茲就所見，引伸其義：

新聞事業之公共性　新聞紙主要之目的，在宣布新聞于公衆，新聞以事實爲依歸，而不容私見作用于其間。從事新聞事業者首應認識其公共之特性，新聞紙乃社會公共之機關，與營業侔利者異其旨趣。營業者可以侔利爲前提，而新聞紙則應以公衆之利益爲準則，報告正確之消息，貢獻公允之意見，皆其應循之正軌。吾人評判新聞紙價值之高低，即可以其公共性之多寡定分寸。質言之，若帶御用之色彩，違反社會之公意，衆必共棄之也。今日新聞事業雖捲入營業之漩渦，然主持者倘止知以商業之手段經營，而忘其本來之特質，則其終必失敗也無疑。此種觀察，可以由顧客與讀者之眼光判別之；顧客之于物也，惟以個人之利害爲衡，而讀者之于報也，則以公衆之利害爲則。着眼既殊，効果自異。故新聞事業之經營者，與新聞紙之讀者其務派雖各不同，而其共役此公共之機關則一。世人每謂共和國之元首爲公僕，此稱正可以贈之新聞記者，故當其力謀營業獨立之頃，若時時不忘爲公衆之機關，爲多數人謀福利，必得羣衆之信仰與擁護，無冠帝王之權既樹，發行額數自增，廣告收入自豐，而本身亦賴以發榮，是不啻得公共爲後盾，而共同維持其生命也。不視英京之「每日新聞」乎，其銷數爲愛爾蘭冠，時人之言曰，「每日新聞之柱石，爲無數熱誠之讀者，其力量爲任何報紙所未有！每日縱倒印或側印，而讀者猶不之舍也。」夫每日之得有此力量，乃在時時以社會共公之機關自任也。進一步言，此種公共性發展之極，則予自私自利的新聞紙以共棄之制裁，而納之于正軌。是新聞事業藉公衆之扶掖以前進，而公衆藉新聞事業以致用，其兩方之關係更爲密切也。退一步言，社會上設無新聞紙，人類將無所聞見，今得不然，人世一切情況皆可於一紙得之，有若社會現象之縮小寫眞，若違此公共之特性，即失其存在之出發點。故曰新聞紙者人類公共之機關者。

新聞事業之輿論性　我人足未出國門也，而知某國之文野，國交之好惡；身未履首都也，而知政令之從違，當道之言行；素未識某人也，而有其人之印像，且有情感焉。此種觀念之造成，乃由閱報所由來，受新聞事業之輿論性所陶冶也。至新聞紙上之評論，有明顯之主張，自更勿須論矣。西人每稱新聞紙為國民之喉舌，吾人辦報發刊之辭，亦每以代表社會輿論為職責。蓋人類之生活在未脫離民族或國家，而進于世界大同之前，新聞紙必有其民族性與文字性之存在，其輿論性亦因此而有不同。最初代表國民之輿論于政府；繼則代表國家之輿論于國際；末則代表民族之輿論于人類，而致人生之享受。以今日之情形言，新聞紙自為國民輿論之代表，一國政治之隆替，國民思想之趨向，社會狀況之程度皆可於新聞紙中求之。故大而至國際會議，欲知某國國民之態度也，某國國民之觀感也；小而至于國內內政外交，欲知民衆之主張也，民衆之意見也，莫不假新聞紙以傳達之。一國輿論雖有時略有向背，而對外為國家民族初無二致，雖以地域種族之見未除，而對人類共同之事業，謀世界之和平，亦必超然而無異議，故就大體以觀輿論，必殊途而同歸，終有一致點在也。晚近學者有倡新聞紙不能代表輿論說，意謂公衆之意見，斷非少數記者筆下所能代表也，而主新聞紙職務止在忠實之報告而已，評判應任之于讀者。然事實如何，即輿論之所在，新聞事業之輿論性仍存在也。惟從事新聞事業者，執事以事論說，應以大無畏之精神，公正無私之態度，就事實以論事實，默察國民大多數之心理，與人羣之利益正義，發爲文章，自爲國民之喉舌，先得民衆之心而言之也。信是，既得大多數人之同情與信仰，自爲輿論之執衡人。是新聞紙爲輿論之代表雖未易言，而新聞事業之輿論性，則顯而易見也。

新聞事業教育性　教育之目的在給與人生以生活必需之智識，然教育時期不過全人生五分之一而已，而新聞紙與人生則終其身而不離，實一廣義之社會教育也。夫人生必日求新智識以應付新環境也，學校教育爲期既短，而獲得亦止根本之學識，則新聞紙自少小至老死，給人生以無窮之新智識，其効力較大多矣。吾人讀國際消息，知世界之大勢；讀國內要聞，知政局之變遷；讀商業專欄，知市塲之貿易；讀社會記事，知市井之瑣事；讀副刊小品，足以陶適性情；讀各種專刊，足以資修養。舉凡人生一切之學問，新聞紙皆包羅萬有，實不啻一學問之文庫，人生必須常識之課本也。美國新聞家每曰，「我報無不可至之家庭」，意謂取材嚴謹，記載精翔，不爲兒童清白之腦力害也。昔人云，「教育子弟，如扶醉人」，誠以新聞紙之所載，其影響于讀者至鉅。日常目濡耳染，久之亦與俱與化，其爲善爲惡，繫乎新聞紙之本質。例如昔有人刺一當道被捕，審其動機乃由于讀新聞紙所引起。是可觀新聞紙上一評論，一紀事，甚至一小品，莫不具教育之性質，與人生有密切之關係，執筆之責任較執鞭者尤重也。因其具教育性也，故新聞紙又有指導社會之責任，羣衆有時爲感情所激盪，而失其理性之判斷，則新聞紙有指導之，闡明事理，以救羣衆之錯誤，而示其應爲之塗。又因其爲廣義之社會教育也，新聞紙又必以通俗爲要件，成爲一般人之讀物，站在時代之前面，以導民衆之前進，蓋既具有教育之機能，着眼處與理解力又較爲一般人爲遠大也。

新聞事業之藝術性聚若干人之精神，集若干物之英華，以製成一新聞紙，幅不盈尋，而已呈藝術之大觀。由採訪而編製，由編製而印刷，由印刷而發行，其事萬端，莫一離乎藝術。就外觀以言，如報館之建築也，工場之設備也，內部之裝璜也，紙張之印刷也，有關乎建築雕刻印刷之學問；就內容而言，採訪新聞也，選擇材料也，製作題目也，組版配置也，有賴乎羣學文學技術之素養。謂其所包含，其大無外，其小無內非過譽也。日人之反證其具藝術性也，則以官報爲例，官報之不足以言藝術也，純以政令公文爲材料，至枯燥而無味，編製則又刻版文章，一成不變，以是閱者但覺其可厭而乏興趣。新聞紙則不是，當原稿之製作也，應如何剪裁，應如何舖述，應如何而始有興味，應如何而始有吸力，非有文學與藝術之素養者不辦。稿成移入編輯者之手，復爲增飾題目，配置適當位置，使其重點與精采，以映入讀者之眼簾，又非斲匠老手者不足勝任。再而入于印刷，則字體之清秀，報紙之潔白，墨色之勻調，又非有高明之技術，與藝術之眼光者不能。積此諸藝，始足以動讀者，而遠勝于官報，此非藝術之功也乎。極其則如日日美術記者所云，新聞可應用立體之觀察以表現也。吾人平常對事物爲平面之記述，決不能直射問題之中心，惟有時以直線之方式，敘述事物之始末，有時以曲線之筆鋒，描寫其四周之環象。是又賴乎藝術者也。再申言之，新聞紙藝術性之陶冶情感，插圖與附刊之圖報，其効固顯而易見，即其文字之魔力，已足以移轉人心，供給最新興趣之消息亦大足喚起人類之趣味，此亦藝術之作用也。次如新聞與讀者接觸之焦點，則在字體之配置適宜，標題之得有吸引性，而使讀者有不能不讀之勢。則皆賴藝術之天才與素養，日報于此最有心得，可以獲按而見藝術致用之功大哉！

種性質必爲一般的。一般云者，新聞紙之內容須有一般之興味，供給與一般人閱讀者也。故談新聞紙者，每以內容必有多方面爲要件。因其爲公共之機關也，故內容無所不包；因其有輿論性也，故人人有發表意見之時機；因其爲普遍教育也，故必通俗而上中下人等皆能閱讀；因其含有多量之藝術也，故必雅俗共賞。故專門之新聞紙，如政黨宗教學術爲限者，每不易發達，與吸收多數之讀者。例如近代新聞事業初興之宗教報紙之日就湮沒，近年政黨報紙之轉入一般營業之途，皆可以證明違反一般性之難以存立。積是之故，新聞紙遂同其步調，日趨于多方面，而致力其一般性之發達，復輔以各種副刊，如政治經濟文學科學藝術等等較專門之讀物，以爲之助。總之，新聞紙乃一般人之讀物，新聞事業者一般人之事業，其一般性至爲要重也。

新聞事業具此五種特質，而不容偏廢，應如何始能發揮此特質，以樹新聞事業之基礎，是則在優秀從事新聞事業有人才之養成，而此特質亦有須乎一般人之了解，以共同扶掖其滋長也。

第二節　新聞事業之定義

新聞事業之主體爲新聞紙，欲定新聞事業之解說如何，且先下一新聞紙之定義。概括百家之說，可歸之爲二類，一由報律規定新聞紙之性質而下定義者，一由新聞紙之特質外觀與作用而下定義者，茲分論于次：

前說如報紙條例第一條：「用機器或印板，及其他化學材料印刷之文字圖畫，以一定名稱繼續發行者，均爲報紙。」第二條：「報紙分下列六種：一日刊，二不定期刊，三週刊，四旬刊，五月刊，六年刊。」次爲京師管理新聞營業條例，第一條：「凡在京師地面，經營新聞營業，須照遵本規則辦理。」第二條：「新聞分左列三種：（一）報紙，凡日刊週刊旬刊不定期刊等，內容專登載新聞者屬之；（二）雜誌，無論定期刊不定期刊，內容係研究學術性質者屬之；（三）通信社。」又次爲郵政章程新聞紙類：「凡屬各項可以訂購之出版物，無論華文洋文，即爲新聞紙按期出版物，在中國著名之印刷所，按指定之期，挨次編記出版，且係散張成秩，不用木板布皮等套，或他項堅實之物質裝訂者，即准在發行處應赴之郵務管理局掛號，作爲新聞紙類郵寄。」此三種解說，雖各有未當，而多有可注意者，由新聞紙條例可知新聞紙之定期性與繼續性，由管理新聞營業條例可知新聞事業概括新聞雜誌通信社三種。由郵政章程新聞紙類，則可知新聞紙形式之區別，惟用爲新聞紙之定義，尚有若干點應增删也。

由後者之說，爲吉溫 Given 云，「新聞紙者輿論之製造者與新聞之紀錄者也。」又如薩羅門 Salomon 云，「新聞紙爲機械複製之定期刊物，將一般有興味之時事狀態之混雜內容，演爲通俗之揭載物。」又如班祿克 Belloc 云，「新聞紙乃定期或不定期之出版物，以報告新聞與提供意見者也。」此三者各有是處，而可說新聞紙乃揭載新聞與輿論之出版物，爲公衆而刊行者也。威廉氏曰，「新聞家者主記錄，辨申訴，買賣新聞，判斷詞訟，保障民權，任指導又任解釋疑義者也。若專記錄，則成背鈔，專買賣則成稗販矣。嚴格論之，新聞事業者，非營業也，職業也。職業之爲解釋疑義者也。」又曰，「新聞事業是指揮管理主持編一報章一雜誌，或別種定期出版。凡從事於此者皆爲新聞記者。」總上諸說，以予所見，姑爲新聞事業下一定義曰：

「新聞紙者，以報告新聞爲主體，而附載評論廣告，定期爲公衆刊行之印刷物也。凡屬此範圍以內之業務，統稱之曰新聞事業。」

此說固未敢云當，特爲利便計，姑作如是云云。夫新聞紙之責務，惟在報告靈敏眞確之消息于讀者，瓊斯氏所謂新聞紙之天職在報告新聞，他非所知，亦即此意。至評論乃在其次耳。時至今日代表輿論一語，已漸失其効力，公衆之輿論，斷非一新聞社所能操縱，評論僅可謂新聞紙主持之一部份而已。廣告今日已成爲新聞紙存在之主要條件，自不能舍而不言。餘爲定期性與公共性，則前人已承認其素質。印刷亦爲寄托之生命，更不待言也。此複雜之問題，自非數言所可盡，拙著「報學大綱，」引論較詳，此不過述其概要，以供時賢研究指攻耳。

第三節　新聞事業與人生

世人稱譽新聞紙之口頭禪，最流行者三：曰人類精神之食糧，曰人羣活躍之記錄，曰人生享用之一種。美人索露布曰：「世上之事業，惟紅十字會與新聞紙業，乃人類之事業」。其言至可永味，玆分別論之：

人類之生活分為二部份，一為物質生活，一為精神生活。新聞紙乃屬於精神方面，自無須言。後籐武男曰：「新聞紙在今日已同晨餐同其重要」。吉弗孫 Thomas Tefferson 曰：「予願居於有報紙無法律之國家，而不願居于有法律無報紙之國家，」由上二氏所言，新聞紙與人生之關係，已於此寥寥數語中概括之矣。吾人每日晨起閱報，已成習慣，公忙者翻閱一過，世事已盡收眼底；有暇者閒坐披讀，不啻助餐品茗之妙品。若一旦報紙忽中斷或停刊，則苦惱不可名狀，雖有耳目，而十里之外，無所見無所聞也，此日則似有一大事未了，而必悒悒寡歡。故極言之，謂人類除一餐後，無新聞紙，則不能生活，即生活亦少樂趣，亦無不可。此西人之所以稱新聞紙為人類精神上之食糧也。

又新聞紙者現代之史也，舉凡人羣之活躍，大而政治外交經濟教育，小而社會瑣聞，里巷雜事，以及科學美術諸端，莫不燦然皆備。一國之興亡，人物之生死，事情之變遷，新聞紙皆窮源究本，不厭求詳以記之。昔人云，「欲知古事，莫如讀史；欲知今事，莫如閱報。」又曰，「秀才不出門，能知天下事。」此言閱報重要，亦即以證報紙內容之完備也。九江歌新聞紙曰，「社會之耳目也，國民之喉舌也，人羣之鏡也，文壇之王也，將來之燈也，現在之糧也。」而納之于一名辭之下，曰「新聞紙者人類活躍之紀錄，社會所謂現代之史者也。」

然澈底而言，新聞紙之製造，非新聞社也，乃社會所需而製造之也。新聞紙非純粹商品也，乃人生享用之一種也。人類之求知慾，乃天性之所賦，由欲知道而生新聞紙之需求，由欲使人知道，而發行新聞紙，由欲被人知道而有新聞紙之廣告。故新聞紙與人生之需乎文學之娛樂，哲學之慰藉，藝術之美感，皆有等量之價值，而總為人生之享用耳。愈文明之國家，人民愈重視新聞紙之價值，與衣食起居，皆一重要，閱報於日常生活中，佔一定之時間，晨起閱報以知大事，公暇閱報以資排遣，歸寢則閱報之副刊，以陶適精神。自畫報興，且視一美術品而欣賞之，蓋無往而不視為人生享用之一種也，

新聞紙既為人生享用之一種，與人生之關係有衣食之同等價值，則享用自必選擇其精

粗，而供應者亦力謀如何始可臻于眞美善。供求之目標旣同，則進而謀所以求精之方法。於是而有新聞學之發生，集無數人之精力，將新聞紙置之研究室中，檢討之，分析之，議論之，以求一應改進之良策，而致益用于人生。此又新聞學之所以日興也。職是諸因，新聞從業者爲人羣之服役，則應修養其學力與人格，以扶持其所業之進步，而有較大之貢獻于人生；同時社會享受之讀者，亦應盡其扶翼之責任，而扶持其前進，以極其用于人生。兩者之關係不可須臾離也。

第四節　新聞事業與中國

新聞事業發源于中國，此殆舉世學者所承認。特中國凡百事業，誠如張柏蘭 H. S. Chamberlian「在廿世紀之基礎」Grundlagen do 20 Jahrhuderts 所云：「中國雖然先歐洲完成其重要之發見或發明，但不知利用其發見或發明在實用上或文化上耳。」昔威廉博士 Dr. Walter Williams 東遊，在國立北京大學演講新聞學曰：「中國爲印刷術最先發明之國家，世界若無印刷之術，新聞學絕對不能產生。所以予在中國談新聞學，猶如小兒女向其母親報告晚輩之經驗，同爲最有興趣之事件。」威廉稱中國爲新聞事業之母，實非諛辭。日人楚人冠論新聞紙之起源曰：

「一談新聞紙之起源，則必推中國之「京報」與羅馬之「Acta Diurna，」此二種新聞紙爲世界新聞紙之始祖。「京報」爲官報之一種，始自周朝，以迄有淸之滅亡。若自周朝言，距今已二千年，勿論如何，可稱爲最古之新聞紙。然亦有人祇承認「邸報」爲最早者，所謂「邸」者，本爲諸侯在都之邸第，專以傳鈔一切奏令章奏，以報告于諸侯者也。故名曰「邸報。」與後世歐洲之News Letter相似，始于漢朝，又稱「雜誌」「朝報」「條報，」淸初更名「京報，」又稱「塘報」「驛報。」由漢朝以迄淸季，初爲諸侯所閱，繼而民間亦閱。若從漢朝起，距今已二千年，亦爲世界最古之新聞紙。」

新聞事業發源于中國，固也。然導此業於發展之途者，則爲製紙與印刷，此亦中國所發明。後漢書云：「蔡倫字敬仲，位上方令，造意用樹屑麻頭敝布魚網爲紙，元興元年，至元帝善其能，自是莫不從用焉。故天下稱漢侯紙。」時尚在西歷紀元前十二年也，韋爾斯H. G. Wells之言曰：

「造紙之術，創自中國，其應用蓋在西歷紀元前之二世紀。當七五一年時，中國進襲撒馬爾罕之阿拉伯回教徒，爲守者所敗，俘虜中有長于造紙者，回教徒遂傳其術，九世紀以來之阿拉伯紙稿，至今猶有存者。造紙之術傳入基智教國，或由于基督教徒克復西班牙時，佔得回教紙廠，惟當在基督教徒勢力之下，時西班牙造紙之業，至爲衰落。十三世紀末造之前，良紙名箋，非歐洲所能製造。十三世紀以後，亦僅以意大利產者爲佳。至十四世紀其術始傳入德國，殆本世紀末葉產量方盛，爲值亦廉。刊印書籍者，方得藉以伴利，印刷之業，當然隨之而發達。」

是紙乃由華土西漸，洎近世始轉入新大陸也。至印刷之發明下章另有專論，西人每稱德人戈登柏 Gutten'erg 爲發明活字之祖，不知宋畢昇之發明活版之法，已昔歐人五百年，若溯及蔡邑之刻寫石經，則其淵源尤古。美人卡德 Caater 在其所著 The Irvention cf Printing in Cehina 有云：

「歐洲智識生活既脫離黑暗世紀，而入于光明時期，于是對於印刷之需要，自然發生。從種種事實上研究，中國實給與許多此種材料。吾人可下一斷語，即印刷最初之動機，係由中國而往歐洲。」

據上所引各種記載，新聞事業與中國之關係之密切，可見一班。其他如交通上之指南車，書寫上之蒙恬筆，皆爲中國所發明，而爲世界文明之先導。吾人秉此光榮之歷史，今後應如何以努力，乃無忝吾先賢之佳譽，則吾曹之責也。

第五節　本書編輯之方法

本書之製作，重在有系統有次序之敘述，俾讀是書者對中國新聞事業有一大概之印象。並抱「人略我詳」「人詳我略」之旨趣，依全書之性質與程序分爲七章：

第一新聞事業緒論　首論新聞事業之特質與定義，次論新聞事業與人生與中國之關係，原稿爲著者留日新聞研究論文之一，頗折衷于日儒之說，歐美先進所言，間亦引證，而以著者所是云云，以爲本書之嚆引焉。

第二新聞事業之起源　新聞起源必自口述，文字既興始有手寫。雕刻發明，而有印刷，至近代而有活版。口述新聞與手寫新聞，材料甚少，本不易言，故昔人多缺而不論，姑以研究所得，一試爲之。所謂口語歌謠國風春秋諸證，未敢云當，求教當世名賢而已。

第三新聞事業之變遷　漢唐以降，至有清末季爲止，此廿世紀間，邸報一脈相承，爲官報獨占之時期。宋代印刷之發明，爲新聞事業勃興之胚胎。清末西報之東來，爲新聞事業發展之朕兆，爲敘述便利計，皆附論于此時期。

第四新聞事業之勃興　「自察世俗每月統記傳」創刊，闢民報之先基，西人爲利傳教經商起見，而辦報者踵起，國人繼之，民報遂以勃興，報道之外，倡革命說，民國之造，實肇於此。前後所述，將近百年。

第五新聞事業之現狀　今日新聞界已漸趨于營業之途，物質方面之設備，日有進步。而精神以環境之壓迫，反不如昔。著者先後供職南北諸大報館，歷事經營管理編輯採訪各部，據事直書，不事飾諱，個中人語，等於自訟。雖現狀未盡如人意，而努力革新之精神，殊可樂觀。

第六新聞事業之將來　所謂將來，原未易言，惟據往史之昭示，現時之趨向，亦有可得而試言者。資本主義之侵入，今日已啟其端，平民化與合作化，最近亦必實現。而正鵠之公有說．本類于理想，所以重言之者，俾執斯業者勿忘其本質耳。

第七新聞事業附錄　纂述既竟．遺材尚多，擇其要者，附于卷末：全國報館調查錄乃摭三社之英華而成，在最近調查中爲較完全之作，實關心報業者所必須知。其他所附，與前六章所論列者，多有互相印證之處，皆足供查考之助。惟扼於篇幅，未克一一備錄。

第二章　新聞事業之起源

第一節　口述新聞論

新聞事業之起源，始于口述之新聞，故窮源竟委，新聞事業與人類同時而發生。Henry S. Wellcome 云：「人類最初之記錄爲足跡，說明其來與去，及其他種之行爲。」然此僅可謂爲未有文字以前之記錄也，若謂帶有新聞之性質者，則自人類發言語始，例如與相識者遇，則互相問訊，此爲報告平安之新聞也，次言天氣之良否，此具評論之意味也，末詢將何之，則不啻採訪也，告之某處風景甚佳，將往一遊，則又宛然一廣告矣。此簡單談話之中，已製成一新聞紙，特無印刷耳。茲後文明日進，因欲知道而有新聞紙之需求，由欲使人知道而發生新聞紙，由欲被人知道而有廣告。而促進新聞紙之產生，則爲文學與印刷。今古新聞有記錄可考者爲歌謠，東西幾同一情形，如埃及亞細利亞之古詩，日本書記之童謠，皆爲當時傳播新聞之媒介。早于此者，爲印第安人之以手示意，秘魯人之結繩，爪哇人之烙字，菲人之象形文字，墨西哥人之寓意等，以及舉火為號，量水為誡者，皆最古人類之傳播消息也，特乎歌謠始見之記載耳。今考我國之國風，頗具新聞之意味。殆至春秋；復繫以年月日，已稍形具體化。仲尼之刪書修史，董狐之秉筆直書，一字之褒，榮于華袞，一字之貶，嚴于斧鉞，已導後世報紙評論之標鵠，而啟新聞記載之極則，特在當時尚無報紙之名而已。及至漢唐時代「邸報」興，以記載朝廷政令，宦海浮沈，遂開後世報紙之先河。若溯論起源，當以口述新聞為始也。

第二節　新聞與歌謠

人類之意念，隨感而興，或由景物之接觸，或由時事之感發，或言不能達意，或意有不能盡宣者，則假天籟之音，發而為歌謠。如古謠「日沒返照諺」云：

日沒胭脂紅，無雨必有風。

太古人類對自然現象之觀感，假天籟之音以相詔告，實今日新聞紙天氣報告之濫觴。又唐堯時代「擊壤歌」云：

日出而作，日入而息，鑿井而飲，耕田而食，帝力于我何有哉。
壤叟自食其力，又何與于帝德，若言輿情，此乃嚆矢。與今之輿論，又何以異乎？又「帝紂時謠」云：

車行酒，騎行炙，百二十日爲一夜。

商紂秉政時，好勇好色，手格猛獸，溺愛妲己，重師涓聲，狗馬奇物，充牣後庭，使男女倮形相隨，爲長夜之飲，時人因爲之歌以譏之，此爲社會紀事之雛形，特具體而微耳。

由此以言，則歌謠爲最古之新聞，固信而可考。傳之既久，民間遂有以唱歌業者，大抵流丐之徒，沿門求乞，每以最近發生之案件，擇其可歌可泣，動人聽聞者，自始迄終，編爲故事唱之，與今新聞紙之社會新聞略同，僅一爲口述，一經印刷耳。若者故鄉普寧，名之曰「唱歌」，江浙一帶名之曰「唱新聞」，今此風猶存。窮鄉僻壤，尚流行不衰。故謂歌謠爲最早之新聞，固未始不可也。

第三節　採訪與國風

古者太師陳詩，以觀民風，飢者歌其食，勞者歌其事，使乘輶軒以采訪之鄉，移於邑，邑移於國，國移於天子。是猶采訪者之報告也。特昔以借天子之御覽，今則以宣布于公衆，其對象隨而變遷而已。古設太史之官，以采風問俗，今設訪員之職，以探訪消息，所職所司，徵有不同，就大體言，實殊途而同歸。詩經序云：「凡詩之所謂風者，多出於里巷歌謠之作，所謂男女相與咏歌，各言其情者也。」詩原有三千，孔子删爲三百，分爲風雅頌三篇，頌爲稱述功德之作，雅有大雅小雅之別，風則爲各國之歌謠，藉以考見其國之風敎，故國風稱爲最早之新聞記載也。例如：

東門之楊　其葉牂牂　昏以爲期　明星煌煌
東門之楊　其葉肺肺　昏以爲期　明星晳晳

——陳風東門之楊——

南山崔崔　雄狐綏綏　魯道有蕩　齊子由歸
齊子由歸　曷又曷止

——齊風南山——

坎坎伐檀兮　寘之河之干兮　河水清且漣猗　不稼不穡　胡取禾三百廛兮　不守不獵　胡瞻爾庭　有縣貆兮　彼君子兮　不素餐兮

——魏風伐檀——

國風言情譏政，設以記事出之，則與今日之評論記載副刊小品，豈非一轍也哉。

第四節　紀事與春秋

春秋經解後序有云：『王荆公詆聖經而廢之曰，此「斷爛朝報」也。』言報史者比附春秋，實據是說。孟子云：「詩亡而後春秋作」，是春秋乃繼詩而興。夏書曰，「遒人以木鐸徇于路，官師規千，工執藝事以諫，正月孟春，於是乎有之。」劉歆曰，「三代周秦軒車使者・遒人使者，以歲八月巡路，求代語童謠歌戲。」是猶采風問俗之遺，而作春秋。所謂春秋者並非魯史之專名也。孔子作「春秋」而亂臣賊子懼，此乃修史，而非采風問俗之春秋也。墨子書言：「杜伯之鬼，射殺周宣王，周人從者莫不見，遠者莫不聞，著在周之春秋；莊子儀之鬼，荷朱杖擊殺燕公，燕人從者莫不見，遠者莫不聞，著在燕之春秋，祩子稾祏觀辜，殪之壇上，宋人從者莫不見，遠者莫不聞，著在宋之春秋；羊觸中里微，殪之盟所，齊人從者莫不見，遠者莫不聞，著在齊之春秋。」是春秋之紀事，與今報紙之所載者，其性質固相類似。惟以其時印刷尚未發明，竹簡紀事，以時間性言，未盡合報之條件。然按之其始也簡，將畢也鉅，謂之爲紀事之先河，亦非妄自附會也。

第五節　官報之濫觴

古者公卿大夫揄揚上德，論列政治，皇華命使，江漢紀勳，斯干考室，駉馬畜牧，君以之告臣，上以之告下，此官報之先聲也。誦訓掌道方志，以詔觀事，掌道方慝，以詔辟忌，以知地俗，外史掌四方之志，達書名于四方，撢人掌誦王志，道國之政事，以巡天下之邦國而語之，凡所以宣上德，通下情者，非徒紀述，兼有職掌，故人主可坐一室而知四海，士大夫可誦三百而知國政。此官報之所以興也。楚人冠著新聞紙學，謂華士周時已有京報之發行，爲世界最古之官報，其說惜不可考。惟周設左右史之官，左史記事，右史紀言，爲起居注，容或類是。後世之月表月歷及時政記，亦導源於此。所謂月表者，列表以紀每月之大事也，如史記所載之秦楚之際月表。月歷者，按日以記每月之行政也，如後漢書所載：「每月朔旦，太史上其月曆，有司侍郎見讀其令，奉行其政。」時政記者，唐時朝廷有政事及奏對由宰相撰錄者也。然此皆止可謂之爲官報之先河，若正式之官報，則應自邸報始。自邸報興，新聞事業乃開其新記錄。歐洲情形，亦止類是：當羅馬凱撒大帝之世武功戰績，炳耀一世之時，乃刊行官報二種，以紀載軍令戰略與都中事件，而傳達各地官報，及揭示於民衆。今言歐洲最早之官報者稱爲唯一之古報，猶我土之有邸報也。

第三章　新聞事業之變遷

第一節　邸報之由來

新聞事業導源於口述的新聞，進而爲手鈔的新聞，結繩時代既不能有所記述，自必自有文字始，三代荒遠不可稽考，國風春秋所記又近于史，其有時宜性者，當推邸報爲最古。按邸者，屬國舍也。封禪書云：「方士多言古帝王有都甘泉者，其後天子又朝諸侯甘泉，甘泉作諸侯邸。」是邸之設，由來已久。邸中傳鈔朝廷政令，都中近事，以告諸侯；名曰「邸報」，在未歸官辦或民刻以前，邸報自爲手寫，可斷言也。漢制大鴻臚屬官有郡邸長丞，以通奏報，待朝宿者也。是邸報在漢代已盛矣。漢承前朝亭制而置驛，交通既拓，傳郵彌速，其時紙筆亦復流行，邸報較昔又必進步如許，惜書傳未及具載耳。

唐時藩鎮皆于京師置邸，設「上都邸務留待使」，後改爲「上都知進奏務官」以傳達文報。全唐詩話云：『韓翃久家居，一日，夜將半，客扣門急，賀曰「員外除駕部郎中制誥」。

翃愕然曰，「誤矣！」客曰，「邸報制詰闕人，中書兩進君名，不從，又請之。』此爲德宗年事，在十一世紀之交，是時邸報已流行于民間矣。

又有「開元雜報」，孫可之讀開元雜報云：「樵曩於襄漢間，得數十幅書，繫日條事，不立首尾。其略曰，某日皇帝親耕藉田，行九推禮。某日百僚行大射禮于安福樓南。某日諸蕃君長請扈從封禪。某日皇帝自東封還，賞賜有差。某日宣政門宰相與百僚廷爭十刻罷。如此凡數十百條。」此皆開元政事，蓋當時條布於外者。

據中國雕刻源流考云：「近有江陵楊氏藏「開元雜報」七葉，云是唐人雕本，葉十三行，每行十五字，字大如錢，有邊線界欄，而無中縫，猶唐人寫本款式，作蝴蝶裝，是影漫漶，不甚可辨。」觀此，唐代邸報之內容與外觀，可見一斑。嗣後雕刻之術逐漸發明，官報之流傳，因印刷之便利，遂有不脛而走之勢。

第二節　印刷之發明

新聞事業發展之關鍵爲印刷之發明，倘無印刷之術，必無如是之進展也。夫文字傳世之最古者爲刻骨，次之金石竹木，工鉅効微，所獲無幾。及秦時蒙恬造筆，蔡倫製紙，繕書謄錄，始奏宏功。隋開皇十三年十二月勅廢像遺經，悉令雕造，爲有雕版之始。唐馮道復以之刋著述，洎宋代印刷始大備。夢溪筆談云，「板印書籍，唐人尚未盛爲之，自馮瀛王始印五經，以後典籍皆爲板本。慶歷中有布衣畢昇爲活版。一按其法用膠泥刻字，薄如錢唇，每字爲一印，火燒令堅，先設一鐵版，其上以松紙蠟和紙灰之類冒之，欲印則以鐵範置鐵版上，乃密布字印，滿鐵範爲一版，持就火煬之，藥稍溶，則以平面按其面，則字平如砥。若止印一二本，未爲簡易，若印數十百本，則極爲神速。常作二鐵板，一板印刷，一板已自布字，此印者纔畢，而第二板已具，更互用之，瞬息可就。每一字皆有數印，如之也等字，每字有二十餘印，以備一板內有重複者。不用則以紙貼之。每韻爲一貼，木格貯之。有奇字素無備者，旋刻之，以草火燒，瞬息卽成。不以木爲之者，木理有疎密，沾水則高下不平，兼與藥相粘，不可取，不若燔土，用訖，再火令藥鎔，以手拂之，其印自落，不沾汚。昇死後，其印爲羣從所得，至寶藏之。」是我國活字版之發明，固早西人五百年也。而邸報以印刷術之興，較前益進步矣。

第三節　新聞與小報

「新聞」一名，見於記載，始於朝野類要，「邊報，係沿邊州郡，列日具幹事人探報平安事宜，實封申尚書省樞密院，朝報，日出事宜也。每日門下後省編定講給事判報，方行下都進奏院，報行天下。其有所謂內探省探衙探之類，皆衷私小報，率有漏洩之禁，故隱而號之曰新聞。」海陵集論禁小報云：「方陛下頒詔旨，布命令，雷厲風飛之時，不無小人譸張之說，眩惑衆聽。如前日所謂召用舊臣，浮言胥動，莫知從來。臣嘗究其然矣，此皆私得之小報。小報者出於進奏院，蓋邸吏輩爲之也。比年事有疑似，中外不知。邸吏必競以小紙書之，飛報遠近，謂之小報。如曰，「今日某人被召，某人罷去，某人遷除。」往往以虛爲實，以無爲有。朝士聞之，則曰「已有小報矣！」州郡間得之，則曰「小報到矣！」他日驗之，其說或然或不然。使其然耶，則事涉不密；其不然耶，則何以取信？此於害治，雖若甚微，其實不可不察。臣愚欲望陛下深詔有司，嚴立罪罰，痛行禁止，使朝廷命令，可得而聞，不可得而測；可得而信，不可得而詐。則國體尊而民聽一。」是新聞與小報者，邸吏之豫漏之半官消息，邸報之別支也。小報與近世海上之小報，不無若干相似，而淵源固甚早也。

第四節　官報之演進

官報始于邸報，邸報興于漢唐，既如本章前節之所述，玆續論其演進。印刷之術，歷五代李唐而至趙宋，業已大昌，邸報因之亦彌盛行。楊萬里云，「近讀邸報，得感事詩。」東坡句云，「坐視邸報談迂叟，閒說滁山憶醉翁。」是邸報不止為官吏所傳誦，且復見于詩人之吟咏。「熙寧四年，詔應朝廷擢用才能，賞功罰罪，事可徵勸者，中書檢正樞密院檢詳官，月以事狀錄付院謄報天下。」據此則朝事公布，已見之詔令，邸報之發行，已由私營而歸官營，儼然成為國家之一種制度矣。

宋史之記邸報也，呂溱傳曰「儂智高寇嶺南，詔奏邸毋得輒報」，是邸報猶祇載朝中政令，邊疆警訊也；至元代乃載及民間時事。癸亥雜識續集：「邸報既行，評事（黃瑰　之鄰有李應麟者為維揚幕，一見大驚，知有被火之事，亟告歸而歸，臺史李應山憐之，饋以官楮二萬。及歸則家無恙，乃知為誤耳。」此與報紙之社會新聞無異，是邸報之漸趨民報化矣。

明承前制，皇明典故紀聞：「故事章奏既得旨，諸司抄出奉行，亦互相傳報，使知朝政，自成化時汪直用事，其黨千戶吳綬，以為洩漏機密，請禁之，奸人恐不便己私，遂往往禁諸傳報者，然卒未有不傳，亦可笑矣。」至崇禎年間，始用活版印報，顧亭林與公肅甥書：「竊意此番纂述，止可以邸報為本，粗具草稿，以待後人；如劉昫之舊唐書是也。憶昔時邸報，至崇禎十一年方有活版；自此以前，並是寫本。」是邸報以讀者之日衆，為謀供應相符，而改用活字版，其較前代為發達，又不待言也。

第五節　西報之輸入

當明清之交，歐洲新聞事業已具雛形，十七世紀之初，已轉入發達進步之途。最初發行之新聞，為德國一六一五年之週刊新聞，越五十五年而有日刊新聞，為近代新聞紙之先導，英法各國新聞，亦先後創刊　印刷術自谷典堡氏發明以後，數經整理而完成其速率，由木刻圖像進而為簡單之印刷機器，再進而組為有組織有設備之印刷事業，不久而有活字排版法，於是新聞事業遂日益猛進。自東西洋通商後，泰西人士挾其天文地儀之說以東來，新聞事業亦輸入華士。至太平天國時代，西方教士入爲軍師干王洪仁玕幕客，草擬資政新篇，其中有設新聞館之建議，謂「設新聞館以收民心公議，及各省各縣貨價低昂，事勢常變。上覽之得以資治術，士覽之得以識貫通，商農覽之得以通有無，服法律，別善惡，勵廉恥，教忠教，皆借以行其教也。」硃批「欽哉此策是也。」又謂「一興各省新聞官，其官有聽無權，品性誠實不阿者，官職不受衆官節制，亦不節制衆官，即賞罰亦不准衆官褒貶，專收十八省及萬方新聞。篇有招牌圖記者，以資聖鑒，則奸者股慄存誠、忠者清心可表，於是一念之善，一念之惡，難逃人心公議矣。人豈有不善哉，世豈有不平哉！」次如英人李提摩太之進「新政策」一主設官報，馬禮遜之創「察世俗每月統記傳」，以歐洲新聞事業厲行華士。爲我國報紙之先河，其功尤顯著者也。

第四章　新聞事業之勃興

第一節　輓近官報之盛況

邸報迤邐至清，更名京報。時設內閣以總機要，會典：「每日欽奉上諭，由軍機處承旨，其應發鈔者，皆下于閣。內外陳奏事件，有摺奏有題本。摺奏或奉硃旨諭旨，或由軍機處擬寫隨旨；題旨或票擬欽定　或奉旨改報。下閣後，諭旨及奏摺，則傳知各衙門鈔錄遵行；題旨則科由六科傳鈔。」京報即輯內閣發鈔之文件，編印發行。初，有榮祿堂紙舖者，與內府員役往還，得輯縉紳錄及京報發售，頗銷行南北各省，市人既有利可圖，乃於京師正陽門外設立報房，以發行京報，今舊京有報房胡同，世傳即其遺址也。

官報之起，遠在姬周，唯說既乏佐證，邸報今亦無孤本，以供吾曹研究，則清代京報，有如魯殿靈光，其形式與內容，亟擬一述焉。茲據逍遙閣藏本，記載如下：京報封面以黃色紙爲之，印以紅字，報名底下，有黑圈之「合成報房」或其他報房字樣。又一種封面爲加冠晉祿圖，形式較精，大都以竹紙或黃紙爲之，多者一二十頁，少者六七頁不等。長六寸許，寬得一半。內容首爲宮門鈔，次上諭，又次奏摺，舉例如左：

十月三十日戶部通政司詹事府正白旗值日無引見　巴克坦布假滿請安　肅王續假二十日

傳衞處奏派查驗箭技　派出那王八額駙　召見軍機

此等消息，皆內閣所發鈔者也。以活體木板排印常漶漫不可盡識，而各報房所印，以扼於篇幅，取舍亦各不同，有此報詳載者，而彼報略而不刊者，其時合成集文各報房，皆競相爭雄，按日發行，每册取制錢十文，在都則附送宮門鈔，每月取二百文。每日下午閣鈔既下，報房于石膏類之泥版上，對讀刻字，板軟奏刀甚速，俗名豆腐干兒板，既畢以火烙之使堅，以煤屑和水印之，故色甚淡，後改用墨汁，於黃昏出版，若今日之晚報也。光緒間又有「諭摺彙存」「閣鈔彙編」「邸報全覽」「上諭奏摺」(石印)等印行，則彙京報材料而成，裝訂印刷較精，易于查考也。自鉛印興，京報改由北洋書局京華書局印售，京報逐漸由民報代之而興，始日就淘汰，與清室俱屋。

自中日戰後，清廷力謀維新，廣徵善後之策，李提摩太進「新政策」有云：「教民之法，使通上下有四事：一曰立報館，欲強國家必先富民，欲富民必須變法，中國苟行新政，可以立致富強，而欲使中國官民皆知新政之益，非廣行日報不爲功。非得通達時務之人，主持報事，以開耳目，則行之者一，泥之者百矣。其何以速濟，則報館其首務也。」至光緒二十一年官紳設強學書局，講求時務，發行「中外紀聞」，旋遭封禁，翌年御史胡孚宸奏請將強學書局改歸官辦，更名爲官書局，除印行新書外，又刊「官書局報」及「官書局彙報」，其章程云：「本局彙報每日一本，恭錄前一日諭旨宮門鈔，次載前二三日發抄摺片摘要，次載路透電新聞紙西國近事等，次載本局新聞各種外國新聞，現有英文日本文，將來續有俄文德文法文，末附先儒格言論說之屬，或新譯各種書籍。」觀此，較之京報，內容又完備多矣。

光緒二十二年上海「時務報」出版，風行一時，朝廷有改歸官辦之議，又從學士瑞洵之請，在北京設立報館，並令順天府尹五城御史勸導官紳士民創設報館。是時朝野人士均覺有廣設報館，以通民情之必要。庚子之役，君民受痛同深，慈禧不得不事改革以示新猷。二十九年川學政吳郁生請修政治專書，三十年御史黃昌年請刊諭旨閣鈔以廣流傳，均奉旨依議。

三十二年預備立憲，御史趙炳麟請創辦官報，俾人民明悉國政。次年由考察政治館議復，定名「政治官報」，內容目次爲宮門鈔，諭旨，事由單，摺奏類，廣告等。宣統三年內閣成立，又改爲「內閣官報，」官報至是，始成爲公布法律政令之機關。

同時直隸總督袁世凱有「北洋官報」之刊行，爲直隸省新政之機關，各省相起仿效，復有「南洋官報」「安徽官報」「湖北官報」等之印行。各部署亦以政務日繁，復有「商務官報，」「學務官報」之刊行，其內容約爲論說，譯稿，公牘，法律，章程，調査，報告，專件，紀事諸類，官報至此，極一時之盛。

第二節　外人在華之報業

邸報紀錄成文，止于朝政，無評論，無訪稿，無廣告，僅能稱爲官報，不洽于今日之所謂報紙也，吾人欲於今日尋求一種近于報紙之刋物，當以「察世俗每月統記傳」始，該報創于嘉慶乙亥年七月，封面右邊字云，「子曰多聞擇其善者而從之」，右邊署「愛漢者纂」字樣，發刊于馬六甲，時爲西歷一八一五年也，主其事者爲倫敦佈道會所派之廖立遜（Dr. R.

Morrison）密恩爾（W.C. Milne）及華人梁亞發，記載以闡揚宗教事件爲大宗，餘爲新聞及新學識。據其自述，則初印五百册，藉友人通信遊歷船舶之便利，以銷售于南洋羣島暹羅交趾支那各地華僑薈萃之處。而內地亦時有輸入焉。繼者改印一千册，需要大增，銷路漸暢。該報宗旨雖在灌輸智識，闡揚宗教，砥礪道德，而國家大事之足以喚起吾人之迷惘，激發吾人之志氣者，亦兼收而並蓄焉。而近代之報紙，遂由「察世俗每月統紀傳」而開其端。

繼「察世俗每月統紀傳」而起者有特選撮要（一八二三）天下新聞（一八二八）東西洋每月統記傳（一八三三）皆爲西教士所主持，爲教會報之先驅，而「東西洋每月統記傳」其初發刊於廣州，與前三種發刊于南洋者不同，尤足值吾人之紀念也。自鴉片戰後，香港割讓于英，教士西來傳道者彌衆，印刷之業亦漸完備。遐邇貫珍（一八五三）中外新報（一八四五）六合叢談（一八五七）中外雜誌（一八六二）等陸續創刊於香港寧波上海各地，其知名者約二三十種，多仿自泰西。中西見聞錄云：「中西見聞錄係仿照西國新聞紙而作，書中雜錄各國新聞近事，並講天文地理格物之學，每月出印一次云云。」可以窺其旨趣也。

此爲西人創辦中文雜誌之情況，至日報之產生，亦自西人始。香港「孖刺報」咸豐八年

（一八五八）創刊，增出中文晚報，名曰「中外新報」，初爲間日刊，後改爲日刊，是爲我國有日報新聞之始。繼之爲「近事編錄」與「華字日報」，上海則有字林洋行之「上海新報」與「滬報」，英人美查之「申報」，丹福士之「新聞報」，天津有德人德璀琳之「時報」，北京則有畢連士之「北京日報」。今華字日報申報新聞報北京日報猶屹立于世也。

「中外新報」在日報史中旣佔首座，其歷史殊有一述之價值，該報原爲孖剌報之中文版。初，該報因印刷中英合璧字典，乃購中文活字一副，後從伍廷芳博士之議，附刊中文報紙，而由伍氏主之，至歐戰後該報以經濟告竭，始行停刊，同業惜焉。

西人對中國新聞事業之致力也如此，日人亦起而與競，首創閩報于福州，廿七年又創順天時報于北京，三十二年創盛京時報于奉天，其他通商大埠，亦有創設，藉政府之助力，對華事以敢言稱，頗具一部分之勢力也。

外人之辦報也，無非藉爲傳道通商之助而已，後西來人士旣衆，乃有本國文學之發刊，以葡人爲最早，發刊于一八二二年，名曰「A Alelha da Chine」（蜜蜂華報）計有七種，英文爲最有勢力，計五十餘種，若North China Daily News，及The Shanghai Mercury，其較著譽者也。日文之勢，亦復不弱，變亂之時，國人亦多購讀，據近之調査，其數在三十種以上也。其他如法如俄如德等國各有相當之言論機關，以爲其外交之助，已由傳教通商而兼具政治之意味矣。

當此之時國人頗主譯報以通外情，林則徐幕客魏源主之最力，如「西國近事彙編」，即譯報之成績，安徽巡撫王篤棠且奏請設立譯報館。就以報紙而論，亦多取材西報，既可靈通消息，且可不負法律上之責任，故繙譯外報在其時朝野皆採行也。

當時報界之情形，姚公鶴之「上海報紙小史」載之綦詳，報紙形式既仿自西報，發行亦托名外人，編制首著社說，次諭旨，次各省要聞，而殿以本埠新聞。材料簡陋，編印滯板，殊無一足觀。新聞記者位置，亦被人視爲無聊文人之末路生涯，即館中組織與設備亦多缺而不全，大都仿洋行之制，延一華人爲買辦，每日發行，數僅數百，營業既不能昌，其一切俱從簡單可知也。然外報爲我國奠一初基，予我國以發展之階，篳路藍縷之功，固大有可稱者在也。

第三節　國人辦報之繼起

外人創辦之報紙，間雖有華人與役其間，然主持大計者仍外人也。若國人繼起而自營者以「昭文日報」爲最早。時在民國紀元前三十九年（同治十二年），爲艾小梅所發起，以是年六月創刊于漢口，初爲日刊，後改爲五日報。繼之爲香港之「循環日報」（同治十三年），爲王韜氏所主辦，今猶存於香港。次爲新報（光緒二年）廣報（光緒十二年），主持者皆有志之士，惜民智尙塞，不爲世重。迨中日戰後，國勢日益凌夷，上下所受激刺旣深，強學會之「中外紀聞」與「強學報」出版，執筆者皆負望人士，光焰萬丈，時務報繼起，風行海內外，各地民報風起雲湧，相繼發刊。舉其知名者上海若蘇報，警鐘日報，民吁報，天鐸報等四十餘種；北京若京話日報，國民公報，京報，華字彙報等二十餘種；廣州若羊城報，七十二行商報，人權報，光漢報等三十餘種；漢口若中西報，大漢報，湖北日報等十數種，不下數百家。有同一之焦點，則多抨擊朝政，而倡改革之說，以圖強者也。

在此民報潮洶湧中，有一怪傑出，則新會梁啟超是。梁氏自強學會被封，中外紀聞停版後，乃南下創「時務報」，以繼續提倡新學，海內學子聞風景從，學術刊物，如雨後春筍怒發，維新運動頓呈活躍之觀，時務報旋發生糾紛，梁氏走日本，創「清議報」，抨擊當道，清廷疾之，禁止入口，而暗中流傳不衰。庚子後又創「新民叢報」，介紹新智識，備受國人之歡迎，再版至十餘次，影響于革新者至鉅。光緒三十三年又刊「政論」，不幸又遭清廷封禁，宣統二年另辦「國風報」，以論政言時，亦風行海內。氏在日曾辦一「新小說報」，著中國未來記，頗與後事吻合，其文筆平易犀利，而筆尖常帶情感，啟新聞文學之先河，飲冰室文集，至今猶流行海內，其在新聞界之影響，可云前無古人。

梁氏時務新民各報影響所及，有志人士聞風興起，其紀載國家大事，介紹新智識與學說者，有經世報（章炳麟）東方雜誌（上海商務印書館）譯林（林紓）蜀報（朱山）等十數種；其提倡改良農工商業，以裕國富者，有農學報（羅振玉）工商學報（張德坤）實業報（曾公健）等七八種；其主張振興女權，婦女解放者有女報（陳擷芬）中國女報（秋瑾）無錫白話報（裘毓芳）等六七種；專言外交者有外交等報；專言教育雜誌教育者有等報。其種類在二百類以上，一時稱盛焉。

日報除西人所經營者外，其知者又有「時務日報」，於光緒二十四年出版，主持者為時務報經理汪康年，評論時政，記載大事。頗具新氣象，後易名「中外日報」。汪氏又在京師創京報與芻言報，其文章有汪穰卿遺著行世。時狄葆賢（平子）創時報，不隨流俗，獨創新格，時評一欄，一新耳目。時事新報（上海）大公報（天津）亦先後奮起，開報界爭競之風。

清廷對報界之態度，初則以變法圖強故，力加倡導，後以誹議雜興，時訐當道，則又禁止封閉。然時勢所趨，亦無多効可言。自戊戌政變後，頑固者重秉朝政，而釀成拳匪之禍，八國聯軍入京，國事至是，益不堪問，優秀之士，相率在野，而謀補救之方。孫中山倡革命之說，與康梁對峙，孫主民主，梁倡君憲，而報界亦起而論戰，梁以新民叢報為根據，孫派則有張繼章炳麟主持之民報，遂開君憲民主之論戰，曾有「立憲論與革命論之論戰」一書之刊行。

文字之獄，自古已然，報紙既興，招禍彌烈。最初者為申報記郭星使畫像案失實之交涉為嚆矢。清廷頒布報律後，官廳有所假借為禍更甚，光緒三十一年「楚報」以登粵漢鐵路借款合同被封，主筆張漢傑判監十年，後此文字之獄頻起，重慶日報中華新報各案，皆轟動一時、外人亦借官廳之力，時干涉報紙之記載，官廳無能，反助外人張目，殊可痛恨也。

第四節　鼎革前後之報界

民報之盛，至光宣之間而極。報館之設備與內容，縱未如今日之進步，而精神生氣之磅礴，實匪後來之可及。其時爲輿論之表率，主革命說最早者爲中國日報（光緒二十五創刊），「民主主義與中國政治革命之前途」，傳徧全國。繼之者有蘇報，國民日日報，警鐘日報，警鐘報，天鐸報，民報等，皆倡民族之說，主排清，以建共和者，此時代輿論之力，竟推翻滿清，而締造中華民國。然因文字而釀禍者頗衆，蘇報案其尤著者。

蘇報爲胡璋所主辦，創于光緒二十三年，後歸陳範，延吳敬恒章士釗爲主筆，吳爲光復會會員，該會遂假爲鼓吹革命之機關，二十九年有蜀人鄒容著「革命軍」一書，章炳麟爲之序，蘇報爲文介紹，助之張目，觸清廷怒，電令查辦，轉飭會審公堂出牌拘捕，陳子仲彝及章鄒等被獲，清廷要求引渡未遂，結果章鄒下獄，轟動一世。時人贈詩云：「自投夷獄經百日，兩粒頭顱爭一刀。」

國民日日報爲蘇報中人所發起，以二十九年出版，而由外人出面，與蘇報之註册日領署同一成例。亦倡倒清，當道乃禁長江一帶普閱。其時同主革命說者，又有警鐘日報，東京有復報與民報，文字之激烈，旗幟之鮮明，一時無兩，汪精衛胡漢民皆執筆其間，頗有紙貴洛陽佳譽。其別支有于右任之民呼民吁與民立諸報，皆持種族革命之說，而爲文光燄逼人，有不脛而走之勢。

光宣以來之報紙，大都以倡革命之說爲歸，輿論所趨，革命蜂起，武昌發難，全國景從，清社既屋，共和成功，報紙鼓吹宣傳之功，實有以成之也。民國成立以後「言論自由」載在約法，報紙彌盛，蔚爲大觀，統計逾五百餘，北京爲政治之中心，爲數將百，其知名者若共和報，亞細亞日報，大自由報等；上海爲全國商業之中心，新出者若太平洋報，大共和報，民權報等；武漢爲起義發源地，崛起者若武昌公報。國民新報，民國日報等。紛起評論國政，一時無冠帝王幾代清廷而宰天下。不幸未幾而袁世凱稱異，二次革命發生。革命報紙幾全被禍，報界又遭清代之劫運。

袁氏之贊成共和也，志在顚覆清社，早已蓄有異志，首先揭其陰謀者爲北京「國民新報」，各地報紙亦起而非難，先後俱遭封禁之禍。及古德諾「君主與共和利弊論」發布，籌安會踵起，亞細亞日報公然倡君憲救國之說，輿論譁然，當道乃事壓迫，內地則令停版，租界則停止付郵，國外則禁止入口，左右且翻印假造之上海時報以進勸。輿論至此，已陷慘劫之地位。四年袁氏稱帝，京報皆印紅色，歌功頌德，且有稱「臣記者」者。上海則除御用之亞細亞報外，猶陰持反對，特以逼於勢力，故嵌用「洪憲紀元」四字，而袁氏且宣布報紙條例，以拑制人民言論焉。

在袁稱帝之時，報界忽發生一慘案，則名記者黃遠生（遠庸）在舊金山被人暗殺也。黃曾爲北京亞細亞日報撰文，兼爲上海時報申報通信，行文流暢多趣，開印象派記事之風，極爲讀者所喜，報界之奇才也。新聞學刊遠生傳云「遠生文之最有魔力者，乃在日報之記事，一尋常事耳，一經遠生之紀述，則逸趣橫生，筆鋒所及，愈諧愈妙，寫生妙技，余於遠生歎觀止矣。遠生之文生涯，始于清末而終于民國四年帝制問題之發生。」黃被殺後，報界同聲哀悼，友人林宰平集其傑作曰「遠生遺著」行世。

自此以後，有督軍團之禍，張勳復辟之亂，廣東護法之役，戰禍頻仍，民不聊生，軍閥復假報紙條例之餘威，檢查郵電新聞，拘捕記者，封閉報館，歲有所聞，報業彼伏此興，數量日增，而多懾于威勢，模稜两可，或受津貼，仰人鼻息，以精神言，則反墮落，求爲光緒時代之氣骨，已不可得矣。

四五運動怒潮暴發後，報紙副刊奮起，以介紹世界新思潮，若北京之晨報副刊，上海之時事新報學燈，民國日報覺悟，皆爲新文化運動之樞紐，報紙又復有淸末灌輸新學說之觀，於政治之外，在思想界學術界又建一大功也。

就雜誌方面，亦可分爲三時期，民初着眼于政治，五四前後轉入文學與思想，最後又入社會問題，此期知名者甚夥，如庸言，不忍，甲寅，建設，星期評論，努力，新青年，新潮，科學，學衡，社會學雜誌，工程等，皆各就其旨趣立論，以供國人專門之研究，一國之學術興衰，每以雜誌多寡爲衡，近年來雜誌之勃興，亦一好現象也。

第五節　國際報界之影響

國際報業與我國報界之關係，當自購用路透社電報始，以前雖有譯報，然尚無直接之關係也。自歐戰發生，世界大震，滬報爲求消息之靈通，始與路透社訂約，由其直接供給新聞。民國三年日本對德宣戰，藉口佔領青島，後又乘列強不暇東顧，袁氏野心勃發之時，突提出二十一條件，國民大憤，而有五九國恥之紀念；七年巴黎和會開幕，我國要求交還山東權利，取消二十一條約不遂，電代表不得簽字，而有五四打國賊之舉；十年華府會議開，吾人始稍得直。而中國輿情在此時期，始爲國際所矚目，各報亦多由會議地點直接電發，以電告國人，有特派員實自是時始。參加巴黎和會之大公報記者胡政之，於國際報業之繁榮，深致欽佩之忱，而抱急起直追之決心，歸國後乃創國聞通信社，後復接辦天津大公報，皆有所建樹，則以在法受國際報業之印象至深也。其他如國際聯盟之朱少屏夏奇峰王一之李昭實，參加華盛頓會議之王伯衡許建屏錢伯涵諸氏，於國際新聞頗多報告也。

國際報業之影響于我國者，路透之外，當數日本之電通社與東方社，十數年來國內之外訊，大半出自該二社之手。東方於十八年停閉，由聯合社接辦，予曾作「東方社與聯合社」一文，其言曰：東方通信于八月一日起中止業務，由新聞聯合社接辦，頗以一新耳目自勉，世人亦以此相期許。吾人惋於東方社賜與之印象，與日人對華宣傳之花樣，於此實多感想，而願以同業之誼，於純粹新聞立場上爲聯合社晉一忠告。

日人於新聞政策之注力，此舉世所周知，外務省主持之東方社，創於袁氏叛國之時，十數年來秉承政府之意旨，離開報道之正軌，其成績八字以蔽之，「挑撥是非造謠惑衆」，此非好爲苛刻之語，詳核該社事蹟，卽與事者亦當俯頭無辭也。雖然，吾人於此亦甚汗顏，已於報道無能自耘，仰給于人，明知受愚，而不能不飲鴆止渴。責於人者，正所以自責自惕也。

東方社之停辦，聞與政局之變遷，頗有關係，自田中內閣以暴橫恣肆，不容於國民而崩潰以來，受其直接指揮，淆亂黑白，以侵略造謠亂華爲事之東方社，遂亦根本動搖，濱口雄幸繼任總揆，對華擬闢一新局面，於信譽已墮之東方社乃令其停止，而由聯合社接辦。聯合社係由全日報館三十幾家所合營，與政府無直接之關係，其消息或許較之東方社爲正確，藉此重樹國際新聞之信用，且以純粹獨立自標榜，以第三者之消息，亦較易於號召世人，故遂出此斷然之處置也。

右爲另種之傳說，吾人殊不願以小人之心相度，唯望聯合社明於東方社之罪咎而有所覺悟，對今日所宣言之各點，能力自遵守耳。茲外尤有不得已者，則爲世界通訊網之新趨勢，有其民族性與歷史性爲背景，吾人於日屬之消息，固希望獲得日人以同業之交換，而得其正確之新聞。而於吾國境內則願國人之自決。因一事之發生，斷非外人所能徹底得其眞相也。故吾人感於聯合社之奮起，亦期國人能有同類之組合，遠若美國聯合之組織，路透之改組，近若東鄰報界之合作，在在足爲我法也。

今聯合社之詔我人曰，其組織爲三十幾家報社所合力，乃一種經濟學上之消費，此全仿美國聯合社之辦法。其管理上以理事會爲最高，以大衆之見地爲立場，避免一人一力之操縱。其於報道誓以公平合理爲原則，此乃新聞學上之信條，聯合殆有感於東方，故不惜一再聲明也。其於消息之來源，則與各國大通訊社聯絡一致，而結爲世界之大同盟，此亦吾國今日之最急需者，而應急起以圖之也。聯合社之聲明曰，對華通訊，將以供給旅華之日僑，而於華人亦爲相當之注意，而力守二大信條，一純以客觀之態度，一報道不受任何支配，誠若能力行不背，則吾人固所歡迎其爲我國之友。姑謂拭目以俟，聯合之洲之東方者果何在耶？

電通聯合之外，近美國聯合通信社亦參入遠東新聞界，與英日爭一日之短長。今日報界國際之消息，除英之路透社，日之電通聯合兩社繼續供給外，新大陸之消息，則由美國聯合社與中國國民新聞社之交換，以供給各報焉。

此外如英國報界大王北巖爵士之來華，報學泰斗威廉博士之講學，及各國名記者之遊歷，記者團之考察，其在國際報界自有相當影響，而足勵吾人之前進者也。

第五章　新聞事業之現狀

第一節　報館之組織與內容

一　組織系統

報館組織之系統，大都設一總理或董事會以總其成，下分設三大部：（一）編輯部，（二）營業部，（三）印刷部。各報因事務之繁簡，而略有不同，就大體言之，總理或董事長之下，設有各部部長，各部長隸屬之下有主任，主任之下始為辦事之人員。最高之指揮權屬之總理或董事會，各部之責任則屬之各部長，而各部主任及辦事員則處理其責任內應為之事務。上海申報之組織統系如左：

- 編輯部
  - 電報
    - 各省電報
    - 通信社電報
  - 外埠緊要新聞
  - 地方新聞
  - 本埠緊要新聞
  - 本埠社會新聞
  - 教育（另闢體育欄）
  - 商業
  - 商船
  - 文藝
  - 本埠附刊各組
- 廣告科
  - 普通
  - 西商

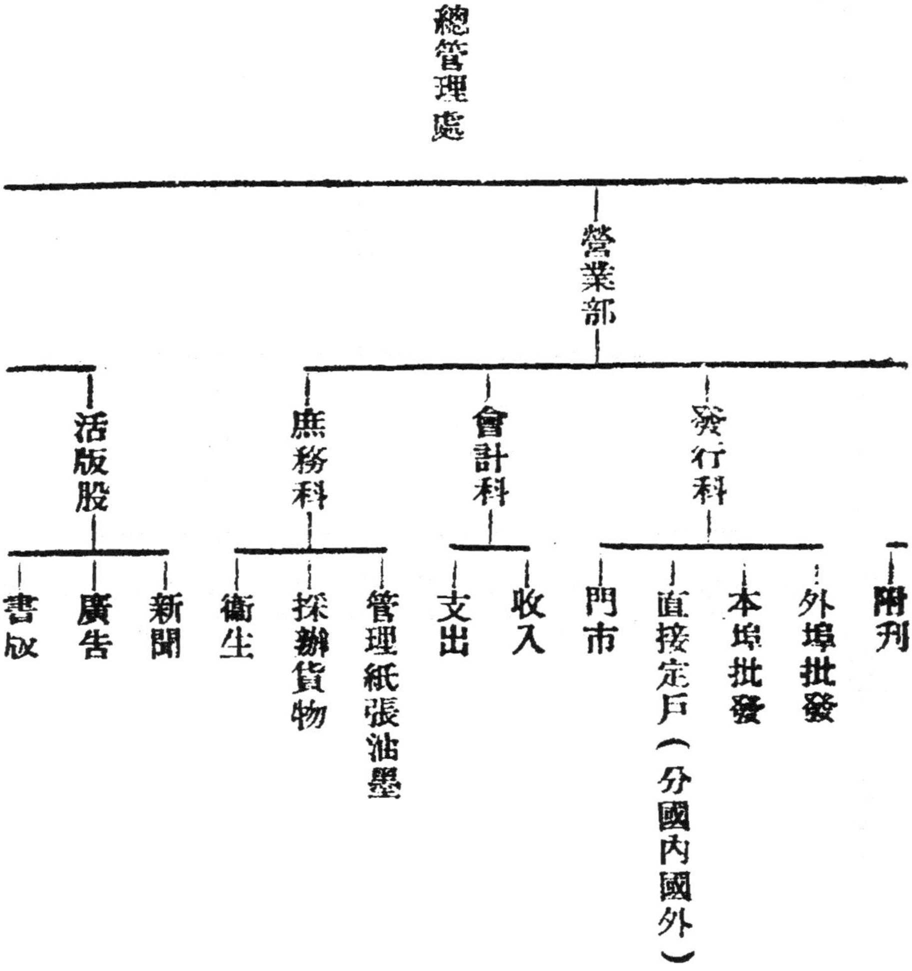
總管理處
營業部
附刊
發行科
外埠批發
本埠批發
直接定戶（分國內國外）
門市
會計科
收入
支出
庶務科
管理紙張油墨
採辦貨物
衛生
活版股
新聞
廣告
書版

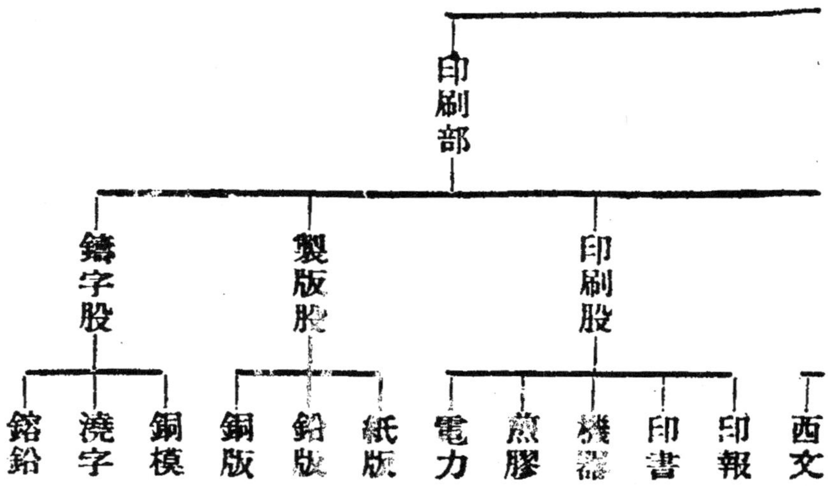

右爲申報組織之大綱，各部任事之人員，視事之繁簡支配之。總管理處由館主自任總

理，經理則協理一切，並設文書二人，稽核五人。下分三大部：（一）編輯部設總主筆總編輯各一人，最近直接為各組服務者得十九人。此外有西文日文繙譯三人，外勤記者六人，新聞校對六人，文書一人，畫圖一人，事務一人，譯電五人，長途電話二人，電話一人，收發一人，勤務四人，皆隸屬于編輯部範圍以內者。（二）營業部各科各設主任一人，廣告科計八人，外又有外勤廣告員六人，以輔助廣告之發展。並設廣告整理股，專司整理次日見報之廣告稿件，分日夜班任事　計日班六人，夜班二人。又廣告校對員六人，廣告審查一人，廣告收賬員三人，文書兼繙譯二人，繕寫木戳二人，刊刻木戳十人。發行科計外埠批發九人，兼管簿記，本埠批發四人，直接定報十四人，門市四人，另售一人。會計科出納二股以四人分任之，勤務二人。庶務科計日班七人，夜班一人，互相管理之。此外有運報汽車二輛，採訪新聞汽車一輛，購用司機及修理機器日夜班共五人。分設有問訊處，以二人分日夜班任之。又收發日夜班各一人，捲報兼灑掃共三十二人，送信日班四人，夜班二人，木匠三人，廚役七人，勤務二人。以上係屬于營業部範圍以內者。惟營業部事務過繁，故特設營業主任一人，負設計及接洽與決定關于發行廣告各項事宜之責。（三）印刷部人員計活版股新聞五十人，廣告四十人，書版一人，西文二人。印刷股計印報兼打包五十二人，印書五人，機器五人，煎膠二人，電力二人。製版股計紙版十人，鉛版十四人，銅版六人。鑄字股計銅模五人，澆鉛十三人，鎔鉛一人，以上皆屬印刷部範圍以內者。惟印刷部未設主任　向由營業主任兼管之。此申報組織內容之大概也。

至于內地報館之組織。以業務尙未發達，事務猶簡，大都置一社長或經理，下分（一）編輯部，主筆一人，編輯二三人，校對二人。（二）營業部主任一人，或由經理兼任，下有廣告發行數人。（三）印刷部主任人一人，工人十數人，此外則雜役一二人而已，尙談不到嚴密之組織也。

二　經營方針

近代新聞事業由政論本位進而爲新聞本位，由津貼本位，進而爲營業本位，此殆東西各國所略同，故其成爲一種文化之營業，乃屬最近之趨勢，營業欲謀其發達，則必求其製作之精良，與營業之方法。製作屬于編輯方面，營業則爲營業部之責任。營業之致力不外二道，即爲發行與廣告，二者互爲因果，欲得多數之讀者，則惟有低廉其定價，使購買力遍及於各級社會，讀者既衆，則廣告効力自大，而登廣告者隨以俱來，收入因而大增，收入既豐，業務彌發達。此近世營業之所以由發行本位，而趨于廣告本位也。英美報社類以廣告爲本位，蓋英美以商立國，貨物之推銷，全賴廣告之宣傳，商家每不惜糜耗鉅額之廣告費，新聞紙亦恃此爲唯一之資料，讀者以時間與經濟之所需，日常所用，每求之于廣告，因供給者與需要者之所求，英美經營新聞業者遂以廣告本位爲方針矣。

然有與此廣告本位相反者，則發行本社是。法德今猶皆然。法人喜讀報，而厭讀廣告，即其商業亦不甚發達，故主持者乃傾全力以迎合國人之心理，以求讀者之增加，謀發行數之普遍而造成發行爲本位。德報夙以科學研究著稱，且多有趣之長篇記事，長期訂閱者甚多，營業因而側重發行方面。此外若蘇俄新聞紙之由國家管理，各國政黨之機關報，其經費有自，則不甚注重營業也。

我國經營新聞事業者之方針，因地而異，上海漢口天津等埠，商業發達，廣告收入素豐，報館遂賴以獨立。大部取法英美廣告本位之說。著要者如上海申新兩報，天津益世大公兩報，漢口中西報等，年來營業尙稱不惡也。上海新聞報之營業方針云：

「本報以經濟獨立爲宗旨，紙張務求潔白，廣告分列醒目，印刷力求淸晰，注重普及敎育，推廣文化。報費刋費，均極低廉，文字淺顯，提倡一般人民讀報之興趣。」

其次則因廣告尙無可觀，而致力于編輯，以求發行數之增多，藉以維持其營業，如上海時時事兩報，北平京晨各報及內地較佳之報紙，而內地尤甚。蓋內地廣告收入旣少，自不能不求償于發行也。上海時事新報云，「時事新報夙以獨立獨行稱，惟獨立獨行，故信譽旣著之時，卽突飛猛進之時，兩年以來，銷數增三倍強。」此一例也。然最著則當推時報，其主人黃伯惠之言曰：

「時報以改良報紙爲目的，與任何團體機關營業不生關係，專爲讀者有益無害而改良辦法方針。吾國印刷尙未精良，文學家注目直視，每有目疾之苦，時報特至外國研究，現已完全改良印刷，凡閱時報，老者不致費力，青年不致傷目。

耳聞不如目見，近十年來，國外報紙，照片與文字並重，時報特于國內提倡照相，記事中多插圖片，並于每星期日星期四刋有書報二張，每日刋新光一版。近年世界趨于競爭，人人無休閒時刻可以累時閱報。時報特將無關重要記事，冗長無味字句，一律删除，並將每篇記事重行編製，使閱者一目瞭然，既省光陰而有無窮興趣。」

廣告本位與發行本位之外，又有黨報，雖亦注重營業，而大宗經費，則由黨部負擔，與前二者其性質又不相同。其知名者為上海民國日報，南京中央日報，各地黨部直屬之民國日報，間接受黨部補助之報皆是。民國日報之言曰：

「本報編輯方針，當出版之初，即以引導民衆，加入革命戰線，努力向惡勢力進攻為宗旨。在國民革命軍未達長江之前，十年以來，不畏強禦，不避險阻。今日全國統一，軍事結束，訓政開始，此後編輯方針，注重于積極建設，以期對全國民衆有所貢獻。」

餘如內地各報，規模小者，廣告無多，銷數亦僅數百，則營業方針自無從決定，姑恃津貼為生，不足道矣。

三　設備一瞥

報館之設備，內地以拘於經濟，類就普通房屋，略事佈置，多因陋就簡。惟上海申報新聞報時報自建新屋，較有設計，稍合乎報館之用，玆將上海新聞報館設備略述如左：

新聞報館在公共租界漢口路十九號，爲水門汀之五層洋樓、大門爲自動旋轉扇，樓下前部爲廣告科收稿股，收發股。後部爲印刷科、有美國最新式司考脫印報機四架，每小時能出報四大張爲一份者，七萬二千份，此外更有卜脫四層式印報機二架，高斯三層式印報機一架，此三機每小時共能印就四大張爲一份者三萬餘份。關于澆製鉛版印機器，有英國新式自動澆版機全套，每小時能澆製修整鉛版百餘塊。又德國千噸動力之壓紙版機一座，向之人工打製紙版，每塊需時十五分鐘者，在此機上僅兩分鐘卽能竣事。又有羅威式全付煎膠機器，美國最新發明之油製膠棍，以代舊式皮膠。二樓爲總理室，副總理室，總務課，文牘課，會計課，庶務課，設計課，推廣科，考核科，圖書室，票籤股、印刷工程師室，及電話接線室。三樓爲董事室會議室，編輯室，總編輯室，經濟，教育，文藝，採訪，無線電訊，校對，藏書，各科辦事室，及廣告編校股。四樓前部爲活版科，內分新聞廣告兩股，共備鉛字大小十一種，貯存鉛字凡重三萬五千磅。後部爲鑄字股，備有美國湯姆生鑄字機四架，每架每小時能鑄字四千枚。此外更有手搖鑄字機六架，鎔鉛爐一架，澆修平鉛版機全套。五樓爲無線電台及職工休憩之所。

新聞報內容，大體上述已略具規模，惟尙無剪報室之設備，此亟應添設者。剪報云者，將報紙上之人事物剪取而彙集之整理之，使有條理化與系統化者也。世界事態萬端，一人所知有幾，矧在匆忙之記者，欲查考一事物一案件，非有剪報室一檢即得之設備不爲功。世界各大報館剪報室之設備，不亞于大規模之圖書館，其重視也蓋可以知。時報前曾有編製索引之法，檢查略較便易，近來申報已從事于剪報室之計畫，不久可有小成。他如圖書館之擴充，亦組織上不可缺者也。

四　新聞報之訪與編製

報紙新聞之來源，初選錄京報，刊載命令，繼則翻譯外報，無採訪之設也。及後事勢稍更，報道日備，始漸用及外稿。訪員卽由派報處兼職，偶有所聞，則附致賬房（最初之發行部）轉與主筆，本埠新聞則由記者見聞所及錄之，或據衙門書吏之報告，以充篇幅而已。殆至改元前後，各地報紙紛起，轉相載錄，不虞缺乏，因互相需助之由，而有訪事之設，本埠亦以讀者之需求，而有以訪員為職業者。上海所謂老槍記者即其最先者。入民國後，編輯部多附設採訪科自行採訪。國內外重要地方則有特派員，而新聞乃日益靈通翔實矣。

以現時新聞之來源論，可歸納為數類。其一為本報之專訊，即訪員之電報訪稿及特約通信也。其二為通信社稿，國外消息多由路透電通聯合諸外國通信社供給，國內則由國人自營者供給。其三為譯報，繙譯各地之英日文等報消息。其四為轉載，轉錄各地報紙之新聞。其五為來稿，如公共機關團體所送登者也。編輯部初用分類編輯法，今已有改用綜合編輯法之趨勢。

此等新聞于性質如何，其影響于社會又如何。北京清華學報曾取全國五種著名報紙，將其新聞分析之（見本書第七章附錄）分為政治，經濟，文化，社會，罪惡，雜項六大類。政治又分內訌，內閣，議會，外交，生計，和議，六類；經濟又分公債，實業，勞動，物價，交通，稅務，金融，財政八類；文化又分教育，演講，戲劇三種；社會又分窮困，遊藝，土匪，集會，訴訟，慈善六類；罪惡又分殺傷，偷騙，搶奪，烟賭四類；其不能歸入以上各項者則列為雜項。此表頗多未洽，如社會新聞與罪惡新聞，殊易牽涉也。

其統計一報之新聞面積及性質，舉其一例如下，上海申報全張面積五千八百五十英寸，新聞面積佔一千八百二十五英寸，內國內新聞佔一千六百六十五英寸，國外新聞佔一百六十英寸。其中經濟新聞佔最多，計五百八十六英寸，政治新聞次之，佔四百二十二英寸，社會新聞又次之，佔二百三十七英寸，文化新聞又次之，佔一百三十英寸，罪惡新聞又次之佔六十六英寸。此外雜項新聞佔二百二十四英寸。

編輯法之比較，南北略有不同，上海趨重經濟方面，北京趨重政治方面，自國都南遷，又有幾多之變遷矣。茲將京滬內容比較如次：

甲　上海出版之報紙

（一）論説　前清時盛行之，每日自一篇至三四篇不等；辛亥革命成功後，論説之効力，漸次減少，現在已無再用之者。但有論説時，題目下皆署作者名號。

（二）社説　社説與論説，向無分別，隨主筆者取舍自由，其消長與論説同。

（三）時評　自有新聞紙以來，一仍舊貫，申報主筆陳冷，以短小精悍之時評著名於時，且間有用批評或短評名稱者。

（四）新聞　分緊要專通或國內國外與及本埠地方等版，間亦刊有銅版寫眞，而現在對於經濟教育之記載，多有另闢專版者。

(五)電報　分專電公電路透電三種：專電係報社派常駐記者於所在地拍發者，公電係社團或個人對於時局或社會有所主張之通電，拍至報社刊登以便民衆共閱覽，路透電係路透社之電報通信，現本國通信社亦有採用電報通信者矣。

(六)特約通信　由報社派外交記者常駐某地，按時通信，報告消息，或於某地特約有名記者按時通信，報告消息，其所通之信，即謂之特約通信，或簡稱某地通信如『北京通信』『南京通信』等是也。通信之報酬，除特派者外，按月給薪者甚少，大抵皆按篇計算。

(七)雜纂　文藝等小品文字屬之，以小說佔優勢，今昔無大差異，惟自新潮流澎湃以後，有附出各種著副或周刊者，以介最新之思想學術，如時事新報之學燈及文學，民國日報之覺悟及平民之友，時報之圖畫周刊等是也。

(八)插畫　前清時流行，現仍有繼續之者。

乙　北京出版之報紙

(一)論說　益世報外，鮮有見者。遇時局緊張時，如晨報北京日報等尚能見及一二篇。

(二)社說　順天時報外，鮮有見者。

(三)評壇　用之者亦少，惟京報恆用之，作者無一定。

(四)時評　用之不多。

(五)通信　甚少，間有由編輯摭拾上海報之材料，自編通信者。

(六)電報　亦有用之者。

(七)短訊　頗流行，電報之縮象也。採取新聞中之精華，而縮短之，殊便利於讀者。

(八)新聞　有緊要普通中央地方國外社會等名稱，由主筆任意取舍，亦有不標出名稱，於暗中分次序排列者。間亦刊有銅版寫眞，對於教育經濟之記事，亦有另闢專欄者。

(九)雜纂　文藝等小品文字屬之，多有不堪入目者，甚至捧角評花，餖飣滿紙。然多注重於小說，如晨報之「說不得」頗膾炙於一時也。間亦有另印副刊或周刊者，大半由社外學術團體任之。

(十)插畫　晨報常用，他報偶一見之。

此種比較，自北京改為北平後，雖稍有變遷，而就大體言，殊少進步也。歐美名記者來遊我邦者，輒曰「政治新聞多，而社會新聞少，外來之新聞多，而自採訪之新聞少。」此誠的評。近數年來政治新聞以受檢查之故，無從競爭，各報皆趨重社會新聞。惟多喜過事鋪張，頗有美國黃色報之傾向。新聞採訪方面，亦頗見進步。編製自綜合編輯制與，各報亦仿效，且于題前列提要，時報兼用色印，又不可謂無進步也。

至採訪新聞之採訪部，尚大都無具體之組織，上海各報僅有訪員作業報告表二種如下：

訪員姓名	採訪事項	目的地	離館時刻	返館時刻	備註

年　月　日星期

年　月　日星期	
今日採訪事項	
明日注意事項	
備註	

訪員簽名

至新聞紙之作製次序，約如下列所述：

報紙製作之本營爲編輯部，其材料之源：（一）來電報—各地特派員電，各地訪員電，路透通信社電，電通電社，聯合電社，其他通信社電；（二）新聞—各地特派員通信，各地訪員通信，海外特約通信，各通信社稿，官署公布，學校消息，公司銀行交易所消息，譯電，剪報；（三）本館自撰—評論，訪問，小說，插畫，新書介紹；（四）館外撰述—小說，論壇，筆記詩詞，小新聞，繪畫；（五）照片—本館自攝，照相館所攝，私人投稿；（六）廣告—廣告有另設校對處者。編輯既成，即移交于印刷，手續（一）活版—原稿收接，原稿先後選定，植字（毛坯）裝圈點，改樣（初校二校）拚版，改大樣，（一大頁成）。倘須製銅版者則有照片修剪，製濕片，復照（加網版）現影，上水銀銅水及乾燥，翻版，銅版磨光，晒版，水洗上青蓮色及乾燥，腐蝕，刨剪，打樣鑲木底，銅版成諸手續。澆字則有刻體，電氣雕心，鑲銅（模成，）裝盒，合鉛，澆鑄，磨光，試高低，裝盤（活字成）諸手續。（二）澆版：活版一大頁收接，加鐵框，試鬆緊，糊銀紙，用毛刷打入，塡空，加紙加粉，烘乾（紙版成），熔鉛，澆版，冷定切斷修鏊（鉛版成）。（三）印刷：機器淸潔加油，加墨，鉛版收接及裝配，卷紙製配，接紙，印刷試驗，報紙成。此後則爲發行：（一）零售，（二）現批，（三）揀條簽（每份紙捲貼簽條，本埠自由車送，外埠送郵局）躉購（揀條簽，每包繩紮貼簽條，由汽車送郵局。）至是而入于讀者之手矣。

五　廣告之招徠與刊例

廣告爲報館之食料，全館之消費，幾全賴其維持。歐美廣告本位之報紙，廣告收入佔全數十分之八九。我國商業尙未發達，經營無劇烈之競爭。商人對廣告之價値，尙未有盡知者，我人每於街上見有「特別減價不登廣告」之街招，可以代表商人心理之一斑。即報館執役廣告者，亦多未能盡知廣告能事，與引起讀者與廣告主注意之方法也。

報館廣告部辦事之人員，本章前已言及。大都來源可分三種，一爲本館廣告員所招攬者，一爲廣告主直接送登者，一爲廣告掮客或廣告社所介紹者。價目有高至九扣者，亦有少至二三折者，介紹者又多一二折之利益。章程未能實行也。申報廣告費，爲全國之最高者，刊例如下：

特等 (甲)登於報名下，以二十六字高爲一行，共廿二行，每日計洋十六元五角。(乙)登於提要前，以四十字高爲一行，共十五行每日每方大洋十五元正(丙)登於新聞欄中，以四十字高爲一行，每次以三行起碼，每日每行大洋七角。

頭等 (甲)登於報名旁上封面半版地位，每日每版洋一百七十五元。(乙)自下封面起至時評前止，每行計八十二字高，每次以二行起碼，每日每行大洋一元四角。

二等 登於緊要分類廣告地位，每行以二十字高爲限，每次至少四行，至多一百行，每日每行大洋三角。

三等 登於本埠增刊分類廣告地位，以二十字高爲一行，每次以四行起碼，每日每行大洋一角六分。

廣告與新聞有同樣之價值，其影響于社會亦鉅，歐美對于廣告之性質，檢查極嚴，我國報紙則以廣告尚少，故刊登頗濫，據分析廣告者言(見本書第七章附錄)現時之廣告，可分爲(甲)商務廣告，商事，商品，金融，物價，機器，醫藥，奢侈品等屬之；(乙)社會廣告，集會，聲辯，法律，招尋，慈善，遊戲，賭博等屬之；(丙)文化廣告，教育，書籍屬之；（丁）交通廣告，輪船，火車，郵電等屬之；（戊）雜項，凡不能列入以上各門者屬之。

據其分析之結果，天津益世報全張面積，四千八百六十四英寸，新聞面積佔九百五十五英寸，廣告面積佔三千六百零十六英寸，以商務門爲最多，佔二千五百三十九英寸，社會門次之，佔三百五十九英寸，文化門又次之，佔八十英寸，交通門又次之，佔十二英寸，雜項佔二十六英寸。此中以醫藥一項爲最大，佔一千四百二十六英寸，是廣告之收入以醫藥爲大宗也。

廣告在昔，僅以輪船航期，物貨拍買及尋人爲限，且多係西人所登，每字僅取制錢五文，光宣間乃易錢爲洋碼，後又分爲前後長短等例。進而至于今日之高價，進步亦不可謂不速。上海申新現時每月收入約在十六萬元左右，報館得以獨立，天津益世報，廣州七十二行商報，亦歲有贏餘，皆恃廣告之所獲也。惟今之大廣告主多屬外商，國貨廣告特少，而奢侈品及藥品廣告又多含引誘性及不忠實處，此應設法糾正者。如勸國人刊登廣告之利益，代爲計劃，代爲打樣，使廣告而收効力，商人亦樂于刊載。一方復拒登含有欺騙性之廣告，使廣告之効力可信，則此後發展可操左券矣。上海申報及時事新報曾舉行商標競賽會，亦引誘國人登廣告之一法也。其例如下：

時事新報讀者參加商標競賽會規則

一　本報以提倡商業信用之象徵，鼓勵商標制度之使用爲宗旨，特舉行競賽會，俾社會人士有共同認識之機會；

二　各種商標先後印行三次，所登之商標三次相同，每次均附有競賽票一張；

三　社會人士對於本會所刊佈之商標，得自由選擇認爲最屬精當之一商標，按下列辦法投票；

四　投票者務須剪塡下列之競賽票，其不用競賽票者作爲無效；

五　投票者務須說明贊許此項商標之理由，但不得過五十字。

六　批評商標之文字，須用素箋紙楷書，連同競賽票一倂封固寄遞，否則無效；

七　凡來函投票者務須於封面書明「上海望平街一六二號時事新報館商標競賽會收」；

八　投票期限自第一次刊佈之日起，至第三次刊佈後第十四日止，逾期所投之票，作爲無效；

九　本會聘請潘公展，趙曾卿，陳希曾，朱應鵬，趙叔雍五先生爲評判員，將競賽票及理由書公開評判，擇其措詞立論最爲確切者列爲前五名，由本報致贈薄酬，第一名現銀一百元，其他四名各得十元；本會於競賽截止後十日在本報公布中選台銜，其中選者須備與投票時所用相同之印鑑，前來領取酬金。

時事新報館
商標競賽會

公司名稱

投票人
性別
職業
印鑑
通信處

中華民國　年　月　日

其次如由政府或司法機關宣布其廣告在法庭上或官廳上有特殊之効力亦爲廣收之一法，

唯此須與政府有特殊關係者，始可辦到，如上海民國日報一例也。前東方時報亦由東北長官爲之保障，該報啟事云：

本社爲輔助行政便利民生起見，擬登載各項公告，已於本年九月二十五日呈奉　鎮威上將軍批准飭屬試辦。茲謹告各界人士，凡欲確定權利，(如購買田宅，抵押不動產，移轉股票債票，聲明遺失，取得遺產，收受贈與之類。)或保障權利，(如婚姻，親子，監護，宗祠，承繼，契約，代理，買賣，諸事)以備將來在司法官廳，或行政官廳，請願訴願，或訴訟時，有一種確實之證據者，務於當時在本報刊登啟事，存留備用，以免因缺證據，致招損失。務祈　注意爲幸！凡欲登廣告或啟事者，或直接函知本社，或由本報各分社代轉均可。均照本報小廣告之例，每日每二方英寸，只收銀四角，特布。

東方時報登載公告簡章

一　東三省各機關在本報公布或公告之件，與登載公報，有同等之效力。其費用照民間廣告，減收半價。慈善團體及學校，亦照民間廣告，減收半價。

二　凡公司，或團體，或個人，曾在本報登過廣告或啟事者，作爲確定權利之一種證據。

三　凡曾在本報登過廣告或啟事者，將來無論陳訴，訴願，請願，或行政訴訟，或司法訴訟，在行政官廳或司法官，均認爲有效力之證據。

附錄鎮威上將軍指令（政字第八六六號）

呈暨簡章均悉，查所呈各節尙屬可行，仰候令行東三省軍民各官飭屬試辦可也。此批。

中華民國十五年九月二十五日

廣告對社會之關係，至密且鉅，其影響所及，不在新聞之下。倘有宣傳誨淫書籍，售賣假藥，假托招考職員，騙收保證金等類，均屬貽害社會，當道每有取締之者，例一：

上海特別市取締報紙違禁廣告規則

第一條，凡在本特別市內發行報紙及登載廣告於報紙者，對於本規則，均應遵守之。第二條，左列各項廣告，報館不得爲之刊載：（一）宣傳誨淫書畫有傷風化者，（二）宣傳藥物言過其實迹近欺騙者，（三）刊登猥褻圖畫刺激青年視覺者，（四）誘惑欺騙希圖詐收財物者，（五）激烈危險有防秩序安寧者，（六）其他經主管官署通知禁登者。

第三條，報紙刊載宣傳淫猥藥物廣告者，依照本市取締淫猥藥物宣傳品暫行規則辦理。

第四條，報館對於廣告認爲有涉本規則第二條第一款至第五款之嫌疑者，應令送登廣告人，先送經社會局核准後，方得登載。如認爲有涉同條第四款之嫌疑者，得令送登廣告人覓具妥實保證後登載之。第五條，廣告一經刊載，即由報館負責，如查有觸犯本規則第二條各款之一者勒令停登。如仍違令登載，按照違警罰法第三十三條處十五元以下之罰金，或十五日以下之拘留。如屢犯不悛，得依照違警罰法第十八條，勒令歇業。第六條，本規則自特別市政府公布之日施行。

本來各報對于出版物之有誨淫詞句或書目穢褻，有關風化亦不予刊布，特多成具文耳。茲附新聞報廣告詳章如下：

一　本報收登廣告，其措詞與體裁以宗旨正當，不越法律範圍者爲限，其有關風化及損害他人名譽或跡近欺騙者，概難照登。

二　廣告種類計分四等(一)特等(登於新聞欄內者)　(二)頭等(登於封面及評前者)　(三)二等(登於緊要分類欄內者)　(四)三等(登於本埠附刊者)

三　登戶須先付清刊費，然後照登，但經本館認爲不能照登而停刊時，登戶得憑廣告科收證收回全部或一分之刊費。

登戶納費均以上海通用銀元爲限，零數不滿大洋一元者，照市貼水，雜鈔次洋不收。

廣告科辦事時間每日以上午九時起，至下午六時爲止。

六　廣告來稿須用墨筆繕寫清楚，註明等次，登出日期，行數　登戶加蓋圖章或簽字。並註明通訊處或電話。登戶如不能撰稿，或以他國文字原稿，可委託本館代爲撰譯，不另收費。惟所撰譯之稿，須由登戶於刊登前自行來館閱過，否則如有錯誤，本館不負責任。

七　廣告來稿經本館認爲必要時，得酌囑登戶覓具保證人填具保證書，保證人如係法人時，須由其負責代表人簽名，上項廣告一經登出，如發生交涉時，由登戶及保證人負責。

廣告代理商送登之廣告，登戶如欲停止或改字，或到期後仍須繼續登載，應自向原代理商接洽。

出版物之廣告，不得有誨淫詞句，如標題奇突，書目穢褻者。該書內容須經本館審查後，認爲無關風化方可登載。

十　廣告登戶不得徵收投函人之現金或保證金，或其他有價值之證券。但經本館特許者不在此限。

十一　廣告地位由本館支配，按日次第推動，登戶不能指定何處，但有特約者不在此例。

十二　廣告內所需銅鋅版，可委託本館製版科代製，照例酌製版費。如登戶自備銅版應製六十五線，或八十五線最爲合格。

十三　登戶如委託本館所備之信箱代收信件，須照下列各項辦理：

(甲)登戶須將姓名住址詳細書明交存本館廣告科備查。

(乙)登戶於送登廣告時，本館給以取信憑單，註明信箱號數，以便憑單隨時取信。惟以廣告登完後半個月爲限，過時須繳納箱費。

(丙)登戶如委託本館將已收到之信件由郵局轉遞，則不另給取信憑單，無論掛號平信，郵費概由登戶自理，先期交付本館。

(丁)廣告登出後如有信到本館，隨即保存於指定之信箱內，以備登戶來取　但廣告登完以後並無信到者，本館不負責任。

(戊)寄函人不將應納之郵費貼足，所有欠資，概由登戶負責繳還本館。

(己)兩廣告所徵求之函件，不得用同號信箱。

(庚)信箱代收信件，每次納費大洋一元。

登戶或第三者對於已登出之廣告，認爲有改正或聲明之必要時，應另登廣告改正或聲明之。

十五　登戶對於已登出之廣告，遇有差誤文字，應即通知本館廣告科改正。如延日過久本館未便負責。
十六　廣告價格，依本頁所規定之刋例，不折不扣。此項刋例如有變更時，依本報報端所列者爲標準，不另通告。
十七　本簡章如有未盡事宜，本館得隨時增訂之。

六　印刷之機械

我國印刷術之發明，前已述其梗概。印刷部可分爲二類，一爲製作新聞之材料，一爲印刷機器部分。製造鉛之具爲銅模，上海各大報館所備者約數爲頭號六千枚，二號七千枚，三號七千五百枚，四號六千五百枚，五號六千五百枚，各種符號花邊三百種，尚有六號字，申報又增新二號與新五號，較舊者略小，約在七千枚左右。時報則另製新體字，分甲乙丙丁戊五種，大小有一定之比較，較舊又爲美觀齊整也。

鉛字每副之通用字約五千，字不常用者只一二枚，常用者則備數十枚，平均每字約備三十枚，每鉛一鎊可鑄六號字三百枚，五號字一百七十枚，四號字一百枚，三號字八十枚，二號字五十字，頭號字二十枚，以次遞減，共重得六千鎊，再加各種花邊符號千鎊，即足供應用。至新字及僻字爲銅模所未備者，則以空鉛另刻之，謂之刻坯，過大者則用木刻之。

現時規模較小之報館，多備手搖鑄字機一副，每小時可鑄字千枚，字不甚光潔，須加以磨琢，故近多改用新式鑄字機，每架約八千元，每小時可鑄三千枚，且字體甚佼。鉛字以木製三角式架陳列，分爲四格，每格可容字盤五六盤，常用分置一處，以便檢用。

內地印報機器，大約仍用印書機，中國自製者每架約二千元，外貨則約四五千元。大商埠則銷數在一萬以上者，多採用英美所製之Doplo平板捲紙機，每機得萬元。每小時可出報三四千張，銷數至五萬左右者則用美德製之R. Hoe或Scott式之圓版捲紙機，每架約六七萬元。每小時可印二萬五千張，皆能自切自印，不用工力。加裝機器，又可加印幾色。報銷路多者，常備二架以上同時開印。字板則打紙板，即多上幾機亦可。印刷畫報之機器，則須精美，報館現多未備，惟時報有此設備。茲將時報印刷部之設備，略述如左：

印刷所　在上海浙江路，爲水泥鋼骨所製造，可以避火。第一層爲大印機室，中層爲紙版室，第二層爲排字室，第三層爲照相室。

大印機　爲法國福美廠所製，開關純用電力，注入墨汁亦然，故快慢濃淡，可以隨意。機中有容間，便於入內視察。紙卷有皮帶牽引，雖開至極速，亦無斷碎之虞。每小時可印二張報紙七萬八千份，彙套一色，若印三色，每小時可印五萬二千份，每架約十一萬元。

畫報機　爲美國美麗廠所製，平整精致，印刷精美，每架約值萬元，專爲印畫報之用。

銅　模　向時各報通用之銅模，分爲一二三四五六共六種，其比量一號一枚當四號四枚，二號一枚，當五號四枚，三號一枚，當六號四枚，各自獨立，不相連屬，在齊整上殊不美觀。時報乃在日本定製新字銅模分甲乙丙丁戊五種，大小有一定之比例，甲號九枚，乙號十六枚，丙號三十六枚，丁號六十四枚，戊號一百四十四枚，其面積相等。排列易于齊整，全副約八千元。

鑄字機　原有舊式手搖機五架，現改用新機，係日本依美國式改良，專以鑄漢字者，出數迅速，且免人工磨洗之勞，大小二架，約八千元。

字　盤　原有每字一副，二人合用，所謂南京式。今改用新聞式，每人用一副，不致虛耗時間。

紙版 舊用毛刷手打，糊銀紙敷粉火烘，每成一紙，需時一刻。今改用瑞士自動安全壓紙版機，及德國式紙版，每成一紙，費時一分，且不損鉛字，雖細文銅版，亦甚清晰，全副約九千元。

鉛版 現仍用舊法，每澆一塊費時五六分鐘。歐州新式自動澆鉛版機，每分鐘可製三塊。

照相室 室長四丈四尺，用六十公分（Yoigtlauder Halier 1:4.5）鏡頭，可照成最渾而最完美之相。又有一鏡頭爲三十二公分（Heliostignat 1:2.5）感光極強，可於夜室照相，又有 Deokrollonettel 兩架及 Soho Reflex 一架，係出外照新聞所用。皆用 Zeiss 鏡頭，又有 Ics Universal 兩架，亦鏡頭，快者爲 1:2.7，普通爲 1:4.5，可攝原色照相，全副約三千元。

銅版室 鏡箱爲美國 Penrose 廠製，堅固而正確，網版自六十線起至一百三十三線止，近又有新發明之照相紙，直接曬銅版法，全副約四千元。

七　發行與銷數

報館之經營雖以廣告爲本位，而發行之收入亦殊可觀，且廣告之增加，亦以發行數爲正比例，是至堪注意也。發行約分本地與外埠二種，本地又分爲直接輸送與代派二種。外埠則郵局代郵，多訂有優待之辦法。以上海言，代派報者有捷音公所之組織，由其包辦，有在街頭叫賣者，有直接送與訂閱者，各有一定之範圍。以北平言，則其直接訂閱者報館用自行車投送外，亦多由報販推銷。惟發行者于此多不注意，近始稍事研究。天津大公報且仿外國辦法，將今天重要新聞提載于路旁注目之處，以引起行人購買。且廣勸讀者之續定，法頗善也。上海申報之定價如下：

中國境內每月洋一元二角，每三個月洋三元四角，每六個月洋六元六角，全年洋十二元八角。日本朝鮮同（新疆蒙古每月洋二元一角半）。

歐美各國每月洋二元七角，每三個月洋八元一角，每六個月洋十六元二角，全年洋三十二元四角。報費先惠。郵票不收。

此種定價，以今日人民之購力言，似覺過高，惟報館內亦視爲收入之大宗預算，不得不出此耳。至外埠多設有分館或代銷處，以推廣銷路。此種定價與歐美比較，讀者之負擔頗重，而報館所得又較微，此中獲利者乃爲居中之報販，此應設法改善也。

報館發行之實數每不顯示人，若歐美日本之公開者尙無有。今以世之所共知者，則至多者不過十五萬份，新聞報之廣告曰「本報日銷十五萬份，廣告効力最大」，申報銷數大約相埒，餘則爲六七萬，三四萬，一萬數千，少至數百份不等。以滬報銷路爲最廣，勢力遍及各省。前郵局郵遞報紙之統計，以與人口相比例，則報紙最多之地，每九人可閱一份，而最少之地每三萬人祇閱一份，全國平均每一百六十四人閱一份。以郵局新聞紙類包括報紙雜誌及一切印刷品而言，此統計亦非單純之確數也。不過我人可推定全國報紙總銷數必不出百萬，讀者至爲寥落，特幸尙年有進步耳。（參看本書附錄）

至各報分館及代銷之辦法，天津大公報章程如下：

大公報批銷章程

一　本報批銷手續，計分兩項，（一）押款（二）保證，務請批銷人特別注意。

（押款）須按所銷報數，每份預付一元，款到卽發，款完停寄。但遇道遠之處，得由本報斟酌情形，延長數日候款，惟候款期至多不得超過十天。

（保證）凡屬本報分館，均須採用保證辦法。本館有印就保證書，如「分銷處」「代派處」或有感覺押款不便，亦可用保證辦法，請就天津覓妥實商家作保，每月一結，（按陽歷計算）欠款儘下月十五號以前，務必照結單欠數，如數寄到，否則屆期停發，所欠報款並由保證人負責賠償。倘係遠省，則「結帳」「寄款」期間，可另議辦法。

二 批銷處或因特殊情形，報款無法匯寄，得函商本報總發行部展期，但展期辦法以一次爲限，不得賡續請求，並須於下月底將前欠報款併合新欠完全寄到，否則停發。

三 各地分館，每月報價總額超過一千元時，得由本館斟酌情形，改爲「旬結」或「半月結」，以資周轉，其辦法由雙方商定之。在本埠有指定撥款處者，自在例外。

四 批銷處因欠停發，除登報聲明外，對本館將收款人川資及費用之損失應由負責人全部担負。

五 批銷本報接洽之初，請先將附上之問答表，逐項詳細塡註，並加蓋派報社及私人圖章，隨同押款或保證書同時寄下，方能發報。

六　批銷本報，以五份起碼，概不退換，每日銷報在五十份以下者，統稱代派處，三百份以下者稱分銷處，三百份以上者稱分館，（如屬本報特派者另章辦理）概不得擅自改易名稱。

七　凡每日批銷本報逾五十份者，加贈本報五份，六十份者贈六份，多銷多贈，以此類推，至贈報至百份為止。

八　凡屬本報『代派處』『分銷處』『分館』對各該地重要新聞，民間疾苦，建設情形，均請隨時投稿，或介紹當地人投稿，稿請逕寄本報編輯部，（見後第十五條）以利當地推銷。至酬金辦法，由編輯部另訂之。如或介紹廣告，介紹印刷，則請逕函本報營業部接洽，（見後第十五條）如須回信者，請附郵票四分。

九　各地『代派處』『分銷處』均得在各該地就近區域內，添設銷售處，倘須由總館代理寄報者，其責任應自負，且不得併合原銷報數，援照贈報辦法辦理。

十　凡一地已有本報『代派處』『分銷處』，或另有願在該地設立『分銷』『代派』時，須事前徵得本館之同意。

十一　凡在一地批銷本報之經理人，須有共同合作之精神，對一地之「售價」「訂價」不得兩歧。

十二　分銷處及分館，在一年內，對匯款未失信用，對銷報成績優良，得在陽歷年終，就考核結果，分別提贈獎勵金。

十三　「分銷處」「分館」均由本館發給正式執照，可按日憑照向就地「郵政局」「郵政車」憑照取報，遇有遺失時，請隨時通知，以便向郵局註失補發。

十四　各地或因郵匯不通，或郵局匯票用完，得以津地用「莊票」「撥條」，或用郵票代洋（以半分至一角者爲限，按照九五扣算，吉黑滇省郵票不能通用，請購天津或上海國家銀行鈔票，用郵局保險封裝寄）。

十五　各地批銷處，對本館「編輯」「發行」「營業」各部接洽函件，均請分別寄遞，分別編號，如函複本館信件，務必註明去信號數，以便查考，來信切勿圖省郵費，捲入舊報寄遞，倘有遺失，概不負責。

十六　款項函件，一律掛號，現鈔務必用郵局保險封裝寄。

十七　寄報遇有「郵期變更」「後寄先到」「中途遺失」「當局扣留」等特別情形時，應請隨時通知。倘情形較為重大時，務用「五三九一天津報止」簡電通知，以免雙方損失。

十八　「加報」「減報」均以接到函電之次日起算，惟月終結算，加減數以每月二十五日為止。二十五日所到加減函件，概自下月一日起，再行加減，免致賬目淆混。

十九　遇有「北平」「天津」各報因假期或紀念日停刊，或各批銷處有特別之集會（須提前函告，酌定加數），本報當加發本報若干份，以便批銷人酬應各報主顧，此項加報如有餘剩，可以寄還本館退帳。但寄還之報費須歸批銷人自理。

二十　遇有批銷經理人變更，或派報社名稱變更，地址遷移，及保證人被保人因特種情形須改換時，均請事前通知，否則一切仍由前人負責。

二十一　各代銷處經理人。如有假借本報名義，在外招搖，或對本章程各條不能履行時，除立即停止發報外，並揭登報端，以便各界注意。

二十二　本報批價，每月每份定價二分，（國外另議）外埠定價，每月一元三角，半年七元三角，全年十三元六角，各批銷人願減收訂價推廣者聽。但遇同地有本報兩家以上之批銷處時，「訂價」「售價」均須劃一（見第十一條）

二十三　本報地址在天津旭街四面鐘對過，自動電話二〇四五〇，有線電報掛號五三九一，無線電報掛號七七七七。

二十四　本章程自十八年一月一日起實行，如有未盡事宜，臨時再爲增補。

八　紙張之種類

我國自蔡倫造紙，迄今已二千年，厥後傳入西土，降至近世，荷人始以機器造紙，用乃大宏。至前世紀機器日備，又轉傳入東亞。光緒十七年李鴻章創「倫章造紙廠」於上海，爲華士用機器造紙之始。繼而華章龍章各廠相繼成立，財政部復於各地設廠製造。顧多不能以供報紙之用。近始有溫州造紙廠之設，擬專製新聞紙，以使全國報館之用。

邸報及京報之用紙爲土產之黃色紙，自香港日報興，始用外洋之報紙。在上海初出報則用賽連紙，惟性質欠佳。故多用毛太紙，連史紙。迨洋紙東來，始用油光紙，後即兩面改用報紙，今每歲所入，在二千萬兩以上，漏巵殊鉅也。

現時報館用紙，約分二種，一平紙，長四十三英寸，寬三十一英寸，一令（Ream）五百張。一捲紙，狀如大圓布匹，由機器隨印隨裁，每十二令至二十一令不等，以日貨為最多，意及瑞典次之。前年平津抵制日貨，報館大起紙荒，後乃變通辦理，准予最低購用。至川黔僻地，則尚有用土製黃色紙者。

紙料仰給于人，漏巵既鉅，且時虞缺乏，製紙之設，又何待言。昔報館俱進會曾議自辦造紙廠云：

報社支出，紙為大宗，統計全國報館，不弱五百，平均日出五大張，發行五千份，日用紙當得五千令，每令平均一兩七錢五分，則日須支出銀八千七百五十兩，年計三百十九萬三千七百五十兩。此三百十九萬三千七百五十兩之紙費，今因已無適用之紙，悉輸諸海外。此鉅額之紙，自外輸入，水腳關稅及保險費等，平均以百分之十計，當得銀三十一萬，三百七十五兩。使己國有一適用之紙廠，則關稅保險水腳諸費，可減至十分之二，約贏二十五萬五千三百兩。而賣紙之贏利，亦將轉而利吾己國之資本家矣。集上述之款爲紙廠基本金，得其人，得其法，不數年間即可以得良好適合之紙，遍饗全國報館云。

此爲十數年前之情形，若以今日情況而言，則又大此若干倍矣。民國十三年上海埠輸入報紙計二百七十四萬三千四百七十五兩，若合各種用紙而言，十六年海關進口報告爲二千五百四十四萬六千七百五十三兩，其數量至可驚人，報館亟應起而設廠自製，乃刻不容緩之要圖也。

九　職工之制度

執役報館之職工，爲一報之靈魂，倘有鉅額之資本，與完善之設備，而用不得其人，則猶無從言發展也。今日報館之用人，尚無正軌可循，大約仍以情面爲主，一爲主幹者之親朋戚友，一爲有關係者之推轂介紹，每多用非其學，歐美唯材主義之考試制度，尚未能施行也。以是而言事業，是猶緣木而求魚耳。

一館以總理或社長爲最高之領袖，編輯營業印刷三部，俱應有相當之認識，管理經營任人，尤應有豐富之經驗，始可無忝厥職。其由館主自任者月薪無一定，僱傭者自二百元至四百元，內地亦有僅百元左右者。

次于總理經理者爲總主筆或總編輯，平日職務雖簡，而主持大計責任至重。無社論記者則則須兼任，其月薪自一百五十元至三百五十元間。次之爲編輯主任或編輯長，指揮編事，考核訪員，雜務頗劇，其月薪自一百二十元至二百元不等。次爲電訊要聞地方本埠各編輯，月薪自六十元至百元，間亦有至一百五十元者，特尚少耳。

屬于編輯部有特派員，重要報館必有專員駐京，司發電或通信之責，交際費外，月薪約在百元左右。國都南遷後，上海各報多於南京設辦事處，較有組織，開銷較鉅。國內外各大埠名城，有特約通信員，以篇計算，少者數元多者十元。又有本埠特別訪員月薪約在五十元左右，普通訪員則兼任他報，月薪自十元至三十元不等。若駐外埠，待遇略同。

此外副刊編輯自四十元至八十元，繙譯約五六十元，校對與譯電人約二十元左右。尚有附刊增刊者如教育文藝經濟汽車婦女諸類，或延一專家主持，或由團體編輯，無一定之待遇與酬報，大概約在三四十元，團體則多盡義務也。

營業部均爲商人性質，月薪自一百元至百五十元，薪水之外有佣金可獲。屬其下之職役，如廣告員發行員會計員等月薪的在二十元至六十元不等。上海兜攬廣告者有八扣之佣金。則每月意外收入，又較他部人員爲優也。

印刷部人員以工人爲多，除部長月薪有成百之數外。排字拼版解組澆鉛各工，其由直接僱用者每名月五元至二十元左右。其領袖則約可得四五十元。亦有工頭包辦者，則薪水館不過問，全由包辦者料理之。

上述爲滬津粵漢各大埠之待遇，各報因營業狀況而略有增減。以今日生活程度之高言，此區區之薪水，自給尚處不足，遑云上仰下養者哉。其不能專致心志於所業，蓋事勢使然。若在內地則月薪猶不成數，故淸高自愛者則兼外職，下焉者則謀津貼，此至堪痛心也。

然職工對此種待遇，終不能滿意，自五卅後工潮澎漲，上海工人首先起而謀改善待遇。編輯員亦隨之而起。民國十六年廣州新聞記者乃聯合要求加薪，其經過記之如左：

廣州報界記者，向無團結，雖設有報界公會，亦係以報館爲單位，無事可辦，形同虛設。自新聞記者聯合會成立後，始有一團體以爲聯絡。該會有注重於社會運動，舉凡與新聞記者有關，及新聞記者在社會應有之地位，均竭力與爭，而尤注重於保障會員。凡會員有受壓迫者，即以全力抗爭，新聞記者聯合會在社會上已佔有地位，各界團體亦頗重視之。一般報館，以該會如此努力，且善於運用策略，預料對於本身生活，將提出改善。惟於去歲年底，卒未見提及，且似不甚注意者，外間及各報咸以為異。蓋年來廣州市各行工人俱已一再加工，如排字工人每月最低為度，亦得四十元，而報館之外勤記者及校對，祇得二十元之譜。至優厚者，除民國日報國民新聞兩黨報外，亦不過五六十元。當此生活程度飛漲之時，固不足以言儲蓄，即個人生活，亦不易維持，提出要求加薪，實意中事也。但該會則以成立伊始，力量薄弱，恐一旦提出，報館竟置之不理，則無以善其後，故暫從緩議。延至最近始有經濟鬥爭委員會之設，隨舉出幹事多人，分頭調查報社營業及會員生活狀況，內容大致如下：(一)資本；(二)營業狀況(注意盈虧額)；(三)經理人名；(四)會員人數；(五)未入會記者人數(注意其任何工作)；(六)會員生活狀況，(指薪額及生活費)；(七)待遇會員狀況，(注意資本家對會員態度及食宿之待遇如何)；(八)會員對本會態度(注意其平日言論)；(九)備攷。以便參酌情形決定加薪額數。及調查完竣，復組織改良生活運動委員會，舉出委員十五人，將要求加薪條件議妥。該條件分兩項：

(甲)關於加薪之條件：未滿十五元者，一律加至二十元，十五元以上至二十元者加五；二十元以上至三十元者加四五；三十元以上至四十元者加四；四十元以上至五十元者加三元；五十元以上至七十元者加三；七十元以上至一百元者加二五；一百元以上者加二。

(乙)關於改善待遇之條件：記者因工作被官廳傳訊未能服務時，該報社應負担相當費用，及照支薪金；因傷致成殘疾者，照原薪十倍給卹；因公身故者，照原薪二十倍給卹；平時在職病故者，給三個月卹金。此項條件，經於三月二十二日正式向各報提出，限二十五日完滿答覆，否則一致罷工。屆二十五日，即爲答覆期限屆滿之期，是日各報社到記聯會簽約完全容納改良待遇辦法者，有國華報，新國華報，公評報，七十二行商報，現象報，東亞社，公民社，時事社，中國社等九家。有函答覆但未簽約者，有覺悟社，新民社，電界社，環球社等四家。有函答覆須俟向中央黨部請示者，有民國日報，國民新聞兩家。全未答覆者，有共和報，知行社，南方社，持平社，中興社，執中社，華僑社，工人之路等八家。記聯會以答覆期限已滿，而各報社尚未確承認，即於二十五晚九時，召集第三次會員大會，討論應付辦法。結果，議決辦法六項：(一)民國日報國民新聞兩家，議決爲尊重黨的宣傳起見，應函致該兩報，請其定一限期答覆。(二)覺悟展民世界環球等四社，議決該社既有函復容納，應再函致請其即日携章來會簽約履行。共和報等八家，議決再致函該報社，限本星期六日完全承認，否則照下列辦法，對付報館方面：(甲)通告本會會員，一律停止工作，但仍須駐在報館靜候解決；(乙)通函各通訊社會員，要求該社停止送稿；(丙)派員赴該館監視會員行動，及阻止外人接替工作。(丁)如逾期承認者，每天罰金一百元。通訊社方面：(甲)通告本會會員，一律停止工作，但仍駐社靜候解決：（乙）通函各報館會員，要求該報不採用其稿件；（丙）如逾期不承認者，每天罰金五十元；（四）通函會員，對於已容納條約之報社，一律照常工作；（九）會員不遵守本會議決案者，議決提出大會革除會籍；（六）函知本委員會二十六日下午四時開緊急會議云云。各案議決後，隨即以大會名義，致函全不答覆之八家報社：限於本月二十六日下午四時以前，明白答覆，否則敝會唯有執行議決案辦理。同時並致函已承認而未簽約之四社，即日到會蓋章，及限兩黨報定期答覆。當時共和報等尚擬聯同拒絕，嗣見形勢險惡，乃改變態度，截至二十六日下午，皆已先後蓋章承認。記聯會乃將緊急會議臨時改為結束改良生活運動委員會會議，除即席報告經過情形外，並議決將案咨交執行委員會，開慶祝加薪勝利聯歡會云。

廣州新聞記者加薪運既告勝利，各地亦有聞風興起者，惟以團結不堅，又以編輯人員與資方較有私情關係，殊少成効可言。民國十八年，上海申報編輯部同人會曾向館主要求改良待遇，結果加薪三成了事，他尚無所聞也。

關于工人方面，則以團體堅固，成立排字工會，五卅以後，待遇已日臻改善。十八年報界工會開大會時曾議議決要案二件：（一）民國日報時事新報全體大會提議改良宿舍案，議決：（甲）由第六屆執行委員會同各該報幹事會向各該報館資方交涉，（乙）報館方面須給與工人以合於衛生舒適睡眠之宿舍，（丙）若館方一時無適當地址時，則每人須津貼房租若干，俾得各自租屋居住。（二）民國日報代表提統一各報館之最低工資案。議決：（甲）依據目前生活程度之高昂，確定最低工資爲二十五元，（乙）凡各報已經入館工作之工友，不論其工作在一年或二年以上者，若不滿最低限度之工資者，一概增加爲二十五元；（丙）向各報館資方交涉各報館之最低工資須一律相同，（丁）以後入館工作工友之工資，皆以二十五元爲最低限度。

除上述外，上海各大報年終，對職工尙有花紅之分，視各報之贏餘而定，每年勞資雙方每有爭執。內地則營業每多虧蝕，自談不到花紅也。吾人於此有感者，則歐美日本之年功加俸制，頗有採用之必要，既可銷滅勞資之爭端，而職工亦可無憂生計，而專任其事，報業自可日就發榮矣。

十　副刊與小報

報紙餘幅之副刊，與正張異其旨趣，正張以報告新聞爲主，而副刊以趣味雋永爲歸也。

今且有應此需要，而獨立爲小報者。玆分述之：

報紙副刊之起源，初僅於新聞餘幅，附載詩詞，如慶祝哀輓無題竹枝等類，間及閒墨軼事。其用意有二，一以補白，一以聊助讀者興趣，故標曰文苑，曰餘瀋。而刊載不時，猶以等閒視之也。久之嗜讀者衆，內容稍事擴充，非文苑所能容，乃易名曰叢載，曰餘錄，且旁及東西洋小品，如瀛談，如譯叢，五十年前之申報，斑斑可考也。旣而小說繼興，「迦因小傳」「福爾摩斯」傳誦一時，文藝闌於報紙之領域，至是已占相當之位置矣。改元後，文藝之競爭漸烈，新聞爭勝之外，好爲詼諧滑稽文字，以號召讀者，其流弊每變爲輕佻，而啟「筆戰」之端。殆十年前已蔚然可觀，若申報之自由談，新聞報之快活林，時報之小時報，新申報之小申報，時事新報之青光，皆競相爭進，花樣日新，包羅彌富，或單印一小張，或另附數頁副刊，（學燈覺悟等學藝刊物，亦風行海內。）神州之晶報，後且獨立發行，副刊之盛，於斯極矣。

副刊於報紙既卓然有所樹立，爲報紙之殿軍，與冠首之社論遙相對峙；已成目今報紙之格式，其內容亦可大別爲南北二派：南派尚滑稽，多談風月；北派重文學，專評劇藝，皆各具平衡之勢力。黠者從而利用，遂爲抑揚之具，藉以快恩仇，或暗中操縱，挑撥各方，以推廣銷路，而濟稿件之窮。北方順天時報聽花之菊評，北京日報之消閒錄，皆其著者也。南方則多發隱抉微，描寫黑幕，雖多足娛讀者，究於社會殊少裨益，若「無綫電」「滑稽電」自噲以下矣。今海上猶有此風，北派亦舊習未除，但以時勢遷移，佳人才子式之小姐養漢，名士風流之文人韻事，以及評劇談花，亦不得不假借藝術與廢娼之冠冕，如優伶之成爲藝術家，嫖客吃醋之成爲婦女問題是也。此乃國家文化開明，讀者由下級趣味之向上，眼光日高，而報紙不得不改進，以求相適應也。小報者，以篇幅小而得名，在社會亦具相當之勢力，不可以小而忽之也。小報取材與大報異，純以趣味爲重，牛溲馬渤兼收並蓄，喜怒笑罵，皆成文章。而其上乘者文字雋妙，令人如食哀家之梨。溯其起源，在光緒末葉，已嶄然露頭角，馳譽當時者，如繁華報，笑林報，新奇報，采風報等，或以文辭見重，或以新奇見賞，皆爲士大夫所喜閱。入民國後，神州日報副刊晶報蔚爲大觀，後且獨立發行，數逾數萬。後起者若金鋼鑽福爾摩斯不下百數十種。其長處乃在言大報之所不敢言，記大報之所不敢記，以生動之妙筆，寫新奇可喜之事件，以補大報之沈悶，而喚起讀者之興趣，固多有足稱也。惟種類既多，流品亦雜，或揑造事實，或攻訐陰私，或自墮報格，誨淫誨盜，至近日而彌甚。上海特別市教育局乃組織小報審查委員會，予以審查，其引言云：「滬上出版之各種小報，五光十色，都凡九十餘種，其宗旨純正，有益民衆者固不在少；而措辭粗俗，描寫猥褻者亦往往而有。向使任其宣布，不加審查，其影響于社會風化爲何如。本局有鑒于此，特組織小報審查委員會負責辦理小報審查事宜。」自該會成立，以小報審查規程，及辦事細則爲根據。辦理以來，已逾半載，其初各小報時時載有猥褻文字，自審查委員會成立以後，漸見斂跡，不敢復如向日之毫無顧忌。本局認定小報爲民衆讀物之一種，其優良者以淺顯之文字，作深刻之描寫，言之者無罪，聞之者足戒，不僅無損于風化，抑且有關乎勸懲，非特不加取締，實則愛護之備至。惟不知自愛，與審查規程抵觸者，輕則專函勸告，重則立予封禁，以免流毒社會，戕賊青年云云。」按其規程第五條凡出版小報，有合於左列各款之一，經該局審查合格者准其發行銷行，並褒獎之：

一　宣傳中國國民黨黨義，引導民衆努力國民革命者。

二　研究生活問題及風俗習慣，而有領導民衆除舊革新之旨趣者。

三　傳布智識或學術而有益於全社會或某社會者。

四　發揮文學美術予民衆或一部分人以精神上之愉快者。

其第七條審查結果認爲有左列各項之一者，禁止其發行或銷行，並得懲戒發行人或編輯人。

一　違反黨義，煽惑輿論者。

二　詭辭海盜，有妨治安者。

三　迹涉淫褻，足以誘惑青年者。

四　摘人隱私，毀人名譽，專事誚訕譏詈者。

五　專載妄誕，以淆惑觀聽者。

六　專事投機，意在敲詐者。

七　文辭隱晦，實含上述六項惡意之一者。

十一　雜論

報館之組織與內容，上述尙有遺漏，玆復補論如次：

圖畫者，無音之新聞也。報紙文字未必盡人能閱，而圖畫則一目了然，記載有時非文字所能傳，亦必借力于圖畫。且美術爲人生之天然愛好，以是報紙而有銅版之插印，或另附圖畫，以推廣銷路焉。我國畫報之最早者，爲點石齋畫報，飛影閣畫報，描畫時事，以石印刊行。殆民立太平洋等畫報出，始漸見進步。旋銅版與，圖畫益見精采。時報畫報隨刊問世後，已極爲國人所欲讀，北京晨報京報亦繼起附畫報。其獨立發行有上海畫報北洋畫報，或趨重時時，或注意美術，皆能引起社會之注意，與讀者之興趣。近來各大報亦有附畫刊報之舉，預計在近必益盛行也。

郵電與新聞事業之繁榮，至有關係。古代之郵驛，雖以傳達之事爲主，而官報賴以廣佈。明清信局興起，近世報紙最初遂托附之以銷行，及光緒時，設郵局，交通四通八達，報紙遂由郵局傳遞，且訂專章，受有優待之例，報紙之銷行受郵局之助至多也。其次爲電報，乃報紙消息靈通之命脈。報紙之最初興也，消息轉錄京報，至爲遲滯，各地通信寄到，亦費時日。自光緒五年設立電綫，消息爲之大變，新聞日見敏捷，近電業日興，又有新聞電優待之例，在傳遞方面已大便當，近來復有傳眞攝影電報之用設，飛機送報之創舉，其助于報館之發達彌無窮也。今歐美各國且有傳影電報話之發明，電送報紙之啟用，將來我國必可採用也。

關于報律記載之法律問題，前清時代曾有「大清律例」報章應守規則及「大清印刷專律」，之公布，以取締報紙。至光緒三十三年復正式頒布「報律」，以壓制言論。宣統二年又加修改。鼎革後，臨時政府內務部曾訂「民國暫行報律」，因各界之反對取消。而關于報界之事件，則多援用前清報律之例。民國三年袁世凱頒布「報紙條例」，又公布出版法，約法所載人民有言論出版之自由，已被毀棄無餘矣。翌年報紙條例又加修正，及黎元洪入京，始下令廢止。而當道取締言論，則多藉口治安警察法，與戒嚴法。十五年段祺瑞下令廢止出版法，而京師警察廳則頒布「新聞營業條例」，是又不啻變相之取締也。近國民政府成立，因軍事仍興，各地每有檢查新聞之舉，出版條例原則雖已釐定而條例尚未公布（見本書附錄）。然人民有言論結社之自由，固載在政綱也。

華僑之報紙，近年來亦見勃興（見本書附錄），我國旅外僑民數近千數，遠居異域，去國萬里，爲識國情，通聲氣，自以報館爲利器。且西方教士之東方傳教，其最初經營之報紙，如「察世俗每月統記傳」之創刊，固在馬六甲也。今日新嘉坡之叻報，其歷史頗爲悠久，是報紙之發源，與華僑至有密切之關係也。大概以僑報之現狀，設備雖尚未完備，而印刷則多能獨立。銷路大者數千，少亦數白，因兼營印刷品，頗有餘利可獲。近有志人士多赴南洋各地，華僑對文化事業又極熱心，將來之發達，至有希望者也。

十二　概概

中國新聞事業之現狀，約如上述，上海日報公報會以經營概況以告國人，茲掇所言，以相印證：

一國國家之進步，雖所以致之者，在多方面，而樞機所在，則惟文化事業。蓋文化不發達，教育不發達，則民智終於低落，而科學技術，亦莫由資之高深。中國爲數千餘年來之古國，素以文化先進自豪，然一察目下之情形，則識字者之比例，視世界任何國家爲少，而文化事業教育書籍，自亦更不足以頡頏列強。一方固由於近年以來，政治之不定，軍事之騷動，而一方亦以人民未能自己盡力於推廣文化之事業有以互相造成者也。因軍事之騷動，而人民避死不遑，無從率教，因政治之不定，而學校社會間之教育，兩難督促，此已往十七年之事實，於今為過去；在茲統一告成之後，正可懲前毖後，以謀急起直追者也。至人民之文化事業，書籍新聞為兩大端，而在目下生產落後之中國，經營斯二業者，殊不易易，政府既無積極贊助之力，重以生活環境等種種變遷，則已成者有捉襟見肘之虞，未成者有難於組立之勢，二者之間，新聞事業之於文化，庶有比較更重要之關係。蓋每日刊行報紙，盡為關於政治社會經濟教育之消息，人民日日接觸，浸淫於正義，研討於大勢，以定其從違，以覘諸輿論，則智識較豐者，可以進於國情世況，以奮發而導揚，智識較遜者，亦得切磋於文字，以端其趨向。總之，報紙與人民日日為接近，則其所以誘掖而潛移之者，亦自是益為密切，可斷言矣。

新聞事業之與國家文化、人民智識，既如上述，則經營斯業者，其更兢兢業業，以圖發揚之心，自更迫切，而以目前之情狀言之，一二都會商埠之報紙，察往徵來，已有難於維持之勢。而較在腹地之各種地方報紙，則益將無從擴充，新聞事業在我國，雖有近六十年之歷史，然其幼稚，無庸諱言，若令長此以往，勢必並此幼稚者而不能久存，則豈國人之所願，亦豈國家前途之幸，故上海日報公會乃有優待新聞事業使用郵電辦法之請求，蓋論於今日，當局之足爲贊助，而新聞事業之需要尤殷者，正在此郵電之使用耳。

湖近年來，日報公會之呈請工商部大學院之提案，交通會議之通過，國民政府之批准，中央各委員之熱忱，交通部部長之表示，散見各報，簡單言之，所要求者（一）劃一郵費，應廢汽機未通價目，一律按照現在汽機已通納費。（二）由上海寄往蕪湖以迄漢口各埠之報紙，應由滬甯路運至下關，然後分別裝由長江航輪，分投各地，又上海寄至徽屬報件，應由上海郵局直寄杭州，轉運餘杭，分寄徽屬，照納一次郵費。（三）新聞電應隨到隨發。（四）本外省新聞電概以每字二分計算。（五）無綫電准用密碼。（六）新聞無綫電以每字五釐計算。（八）長途電話照普通電話費收取二成。此外有待磋商辦法凡左之五端：（八）恢復陸路之挑班。（九）恢復並增加郵班。（十）減低南洋及郵會各國之報件郵費。（十一）改訂上海報紙寄遞手續。（十二）長途電話應規定時間，專備新聞界輪流通話，並籌增專綫。上列諸端，又以其尤重要者爲劃一郵費，減低電費電話費，隨到隨發，添設專綫四端，呈請國府，奉批照准，令行交通部查酌施行，迄於今茲，交通部但憑郵政總局之報告，營業上種種爲難，遂對劃一郵費，迄未照允，其他各條，亦在擬議之中，未有明確之規定。日報公會以關本身事業之發達，全國文化之重責，不敢卽以自封，特再起抗爭，此經過之大略情形也。

按目下之情況，新聞事業之本身，無論推行全國，或僅及地方者，均有難於久持之勢。而其痛苦之情形，又有同有異，今先以通都大邑諸推行全國之報紙言之，日出十餘萬份，按其紙價成本，與以標定之價格計之，庶可約略相抵，而一切開支不與焉。試舉上海爲比例，則寄往外埠之報紙，每份平均爲五張，我國既無自造之紙張，則不能不仰給舶來，以市價計之，每令約合五元，裁成一千張，卽五張之報紙印刷二百份，「其中剔去破敗印壞尙多」現者批價二份，「定價與批價之差，卽爲代理經售之手續費」，則二百份報紙收回四元，已虧耗一元。然郵電採訪印刷營業工資房屋水電所需之數，尤可驚人，以後每多一張，則損失五厘，，假定銷數十五萬份，份各五張，則汽機已通之地，每份加郵費二厘；「因四張合百公分，五張卽作二百公分算」、計虧七厘，以十萬計之，日達七百元。在汽機未通之處，每份運郵費損失一分，「每百公分爲八厘，按實量五張，適合一分」，則須損失一分五厘；以五萬份計之，卽日達七百五十元，兩共日虧一千四百五十元矣。於一切開支，不加計算，徒以紙費與郵費爲言，在此銷數，卽虧折如此之鉅，又遑論其他哉。

報館之經營，因發行之虧損而不能不取償於廣告，然目下商業之情況，尙未盡量發達，而商家之廣告亦僅限於通都大邑之著名商肆，且商店生產之能力有限，則所支出於廣告者，亦遂因而從減。卽在上海，試展各報觀之，知與上海一埠之商業狀況，其比例率猶相懸殊，若其他各地，卽京津平廣漢口諸處，已難並論，至內地地方發行之報紙，廣告益寥寥可數，觀於此者，卽新聞事業之純以廣告費爲挹注爲尙未可恃。或云劃一郵費之後，報紙銷行較廣，則廣告之收入益豐，此實未曾經營新聞事業者之擬議，夫以上海諸報，近年之成績觀之，表面不得不謂之蒸蒸日上，然若以廣告之多少爲比例，則去其發達之程度尤遠！且現茲劃一，多在腹地邊疆，試問該地之人民，直接影響於報紙發行地之商業，其購買力爲何若，發行地之商業，既不能立時有待於遠地之顧客，則在此凋零之際未必卽先耗廣告之資，而邊陲腹地之商肆，亦決無刊載廣告於數千里外發行地之報紙，尤可斷言。惟銷數既多，則報紙本身之虧損爲益重，以上列統計言之，每份之郵費紙費，其七厘之損失，且隨銷路而日增，經營新聞事業者，苟無推廣文化之心，則正不欲遽張銷路，以自絕自累，爲人所共喩也。

至於電報價目，西洋各國，姑不具論，但以日本計之，日本商電之在十五字母內者，取費三十錢，合我三角，地址與性名均不計費，此外每五字加五錢。新聞電則五十字母取費三十錢，以次遞加，全國一律。若以中國比較之，中國用號碼，日本用字母，如在中國新聞電三十八字，以四號碼計之，為一百五十二碼，價格每字二分五厘為九角五分，而日本則為六角三分，相差幾及一倍。又日本有每年納費二千二百元，按日報新聞電一千五百字之特約規定，計每字不過二厘，可謂極廉價之能事，環顧我國報紙之用電訊者，不過五十家，則正應減低價額，以引起各處地方報紙之需要。電價一廉，增用必多，發達之數，未可限量，今姑以報館二百家言之，能多得一百家之增用，每日縱以百字計算，電局增收之數，已甚可觀。而上海以用新聞電較多之報館為統計，則十年以來，其新聞電已增加至二倍以上，循此類推，不難統計，且現茲通行拍電之區域，大抵不過京平津漢諸區，其他各地，非無重要之新聞，實以通信則為日過多，早失新聞之價值，而電報則所費過鉅，力有未逮，能實行減價，則自益普遍，國家無隔閡之虞，人民獲消息之捷。至於國外消息，現多仰給於外人所辦之通信社，今國家欲圖國際之宣傳，人民欲知世界之情況，更當假手新聞電與外國進謀協定新聞電價之低廉，俾國內之報紙通信社，得多有國外直接之通訊，其關係之重大，自爲當局者及世人所共許乎。

郵費方面之情形，已屢詳前所發表者，與日本同一樣標準之統計，我已過昂於日者五厘，而未通地點，每千公分昂至二十一分五厘，要知以汽機未通之地，取費八倍於已通，故報紙之銷數，未通各地，不過已通各地之一半，實則以中國之大，未通地之多，而銷數寥寥，可知文化之落後，亦由於郵費之不齊。查近十年來，報館所付之郵費，則已遞增至十年前之三倍，蓋苟前爲年付四萬元者，今已爲十二萬元，而就中未通地之郵費，幾及五分之四，則足證明未通地點之多　郵費之奇昂，所占部分之重大，與經營者担負之不易，夫以銷數計，則未通者爲已通之半數，而付費則占五分之四，其有待於改良，俾寄費之日廉，發行之日廣，以勵行推廣國家之文化者，不待言矣。

再中國目下之交通狀況，尙未盡入軌道，各路郵班，旣以地方之情形而隨時增損，以前又往往格於軍事，遂致滯緩，則報紙消息方面，自然因而延誤，發行報紙，列入重班，一郵局有輕班重班之分」或數日始有郵班一次，則內地鄰省之閱報者，往往經旬不得讀報，及滿載而來，又併旬日之存報，不及細讀．報紙貴在以極敏捷之時間，傳布極正確之新聞，時間既遲，消息萬變，何由而正確，終有閱報者不過如讀陳史而已。此爲經營新聞事業者，對於讀報之人應負疚最深之一，而顧又不能不責之於經營郵局公用事業者，有以速起而謀也。至於電報則優待減價，列國皆然，夫減費之意義，在於爲公共社會有關之事業，而初不以減費爲遲遞也。獨我國則向來電局，不重視新聞電，更以納費之廉，幾於置之官急局商四項之後，而成爲一種畸形電報。關於重要消息，在發生地點公布之後，經過多人之招訪輯譯以至電局，再經投遞譯印之手續，少有延緩，必至後時，故公會呈請隨到隨發，今雖荷交部通令各局，格外注意，而尚未得明文隨到隨發，則報紙方面，尚不敢以爲自滿者也。

夫經營新聞事業者，一方求銷路之擴張，以盡其宣傳文化之職責；一方又必添置物質上之設備，以供推廣之需要，在昔報紙未濟發達之時，發行不多，則用一平面印機爲已足。迨發行額較廣，一逾萬數，即非捲筒機莫辦。我國現無此項機器，惟有購諸外國，以普通平均計之，每架非五六萬元不可，而銷額廣者，則器益求精，每架須十數萬元，如是報紙愈發達，則銷數愈多，而機器愈不敷用，蓋每加銷數至四萬份即須着手增加，其時或以大機換小機，新機換舊機，乃至添購新機，日日在擴充之際，卽日日無停止之時。而此種推廣添置之費用，在平時勉積錙銖，一旦每每罄其所有，雖添置爲投資之一，而籌措巨款，頗非易事，長以因循，則印刷時間，決不能趕及郵班，分送各地，必多遺誤。況此外則鑄字也，製板也，澆版也，種種附屬之設備，所耗均多，近者新聞照片，尤貴訓練採訪員之拍攝，銅板鋅板之精製以至照相器具，無一不仰賴於營業之羨餘，眞有難乎爲繼之勢矣。

再者各種事業，均有規定之工作時間，獨至新聞事業，自晨至於午夜翌晨，全部終無休息之時，晨間營業也，採訪新聞也，各地訪員之出勤也，以至於傍晚之發電收電，輯稿付刊，午夜之開工印刷，侵晨之發行報紙，天下勞碌之事，當無過之。況營業方面，在廣告發行，各需出其所長，以資發達，編輯採訪，又須負一切政治社會上消息之責任，當以最忠實之新聞，供之讀者。編輯者於最短時間，檢閱發稿，採訪者於新聞發生之際，立往外勤，主持者以正義爲立論，均外繫全世界之觀聽，內爲全國人民所注意，少一不愼，其影響之貽害，不可勝言，要均爲經營新聞事業者所注意。乃至於各地之推銷發行，尤視其經理之是否得宜，人民之是否愛讀，用爲營業之標準，卽以報紙定價，故郵費有已逾未逾十與一之比例，而批發之價，亦是不能不少有軒輊，則未通地點之讀者，其負擔以地點各殊，亦難歸一律，苟郵費劃一，則此種差率，在報館酌量情勢，因地制宜，漸可進謀矯正，而各地閱者，亦自益獲便利，況現者以報紙及運費之重大虧損，經營者殊未遑顧及邊陲腹地之發行，徒聽該地人民之自由定閱，終難期其積極發展；苟郵費劃一，業務少增，則必更願意於推廣，其結果則內地人民之讀報者，必日益多，而國家之文化教育，自亦因以普遍。故劃一郵費一事，在營業之目光視之，郵局固不免有每百公分七厘之損失，而報紙以發行之日多，則其紙張成本之損失，且將更鉅，徒以文化之職責所關，故兩方不能不互資相濟，共負損失以貫徹國家之政策，初無一方圖利之見獨存，亦事實所不許也。

且今之經營新聞事業者，不特自身欲盡其宣揚文化之職責，而政府當局期望之殷，亦甯復急切，其銷路較爲普遍者，苟有重大之會議，每直接間接，要求報紙上發行特刊，以爲盡量宣傳之計，而甯滬市政府及招商局等，又有約期之專刊，在各方以報紙爲輿論所關，視聽所繫，故多冀其努力，而報紙亦以本身之事業，及當局之感情，不加固拒，實則會議特刊等，報紙從未收取費用以爲挹注，而新聞之輸送，紙張之成本，採訪之添入，照相之製版，種種已自謂竭駑鈍之能事，即專刊少收費用，價亦至廉，斷不足資以相抵。惟報紙以爲政府當局所重視，其有號召社會宣傳文化之能力，亦於此而益信，不無自慰之忱，用益矢其奮發。惟本身仍非有營業上之調劑，不足以自存，而況今所要求於當局者，不過劃一寄費，以資普及，改良手續，以利寄遞，尙不得爲營業上之調劑。惟政府期許之誠，督促之切，具欲提創新聞事業，俾日臻於發達者，自在意中，則此等所費不多，而收效絕鉅以贊助新聞事業之辦法，自亦當應爲首肯者矣。

若至各地之地方報紙，以限於經濟之能力，益不易盡量發展，以編輯者不過數人，發行者不過一二張，而發行數亦但自數百份至於數千份，惟經營者之意，何嘗不欲急起直追，俾得各地之電訊通信，以推行至於全國，無如郵電之費過昂，創業之功不易，遂致暫圖存活，難期臻於盡善。倘當局能先自郵電交通入手，以盡其贊助培植之能，則所費略減，自易擴充，循序漸進，必有發揚之一日。實則各地人民之文化，有賴於各地地方報紙者至多，在渴欲推廣教育之人，以至全國智識階級之心理，正期望各地無報者聞風興起，多辦報紙。已有地方報者，速謀推廣，俾發行及於全國，然後輿論之勢力，可以普遍，政治之消息，得以傳遞。乃終於不易觀成，而國家之文化，亦且永永落後，此豈人民之不自努力，亦當局之提創未盡耶，願拭目俟視之。即以現者通都大邑較爲普遍之報紙爲言，就表面觀之，廈屋層樓，職員工役，多至數百人，似極發達，然實際上，則應辦之事正多，而謀辦之力不逮者正遠，略舉一二，如藏書樓也，各種政治社會材料之先事搜集也，各地之旅行記者也，各國之特派記者也，國際新聞之材料也，編輯人記者之訓練也，各地地方報之發行也，凡東亞各國新聞事業之所具備者，我則未有其一二焉，終至搜集之材料，不足以供引證，各種事業之統計，不足以盡探討，記者之無由普遍於各地，業務上之人才，無由以資其訓練，則今日即此最幼稚之新聞事業，倘不爲之深培厚植，則恐正難爲繼，以繩其盛，而凡此各端之舉辦，雖有整個及局部之計劃，非經濟充實，不足致之，在今情勢，報紙發行正多虧累，又將何術以善其後？故注意新聞事業者，得少有羨餘，將儲爲上列之設備，亦正已不易易，若謂能少減郵電之費，即將多獲盈利，則豈經營者之本心，亦環境上支配之所不計，當爲識者所共鑒耳。

總之國人既知新聞事業爲宣揚文化之利器，而經營者之爲難如此，則有圖廣文化之責任者，宜如何加以扶植。人民直接之可獲益於報紙者，又將如何贊助。在經營者之憂忱，日夕馨香，但冀各地報紙之林立，未有發行者，即爲舉辦、已經成立者，孟晉發展，而通都大邑之設備較充，推行較廣者，更宜無負啟迪導揚之心，以推之於邊陲腹地，以進謀理想上之計劃，庶幾足以樹立風聲，媲美列國，與黨國謀宣傳，爲人民溥教育，而報紙之天職，克副於萬一，尚期海內經營斯業及關心報紙者，幸垂鑒焉。

第二節　通信社之今昔

報館採訪部之能力，終有所未逮與遺漏之處，於是有起而專以採訪新聞爲業之通信社，除供給報館採用之外，亦給與團體與私人之閱覽，報紙日益發達，通信社亦隨之與俱進，殆至今日，已成大規模之企業，二者互爲吸助者也。以通信社之效能言，每較報紙爲大，一報之銷路，僅供一階級或某一界，而通信之消息，則各報多有採用。大而至於國際間，亦不爲地域及文字之所限，而轉播於四方，此各國政府所以不惜歲靡鉅帑，以助其發展，而報界本身亦急起而聯合經營通信社也。

我國設通信社之議，以宣統二年全國報界俱進會決議爲先聲，其提案云：「報館記事，合乎詳確捷。今日我國訪員程度之卑劣，無可爲諱。報館以採訪之責付之若輩，往往一事發生，報館反爲訪員所利用，顛倒是非，無所不至。試問各報新聞，能否合乎詳確捷三字？吾恐同業諸君，亦不自以爲滿意，而虛耗訪薪，猶其餘事。同人等以爲俱進會者，全國公共團體，急宜乘此時機，附設一通信機關，互相通信，先試行于南北繁盛都會及商埠，俟辦有成效，逐漸推行，俾各報館得以少數之代價，得至確之新聞，以資補助而促進步。」此提案頗有聯合通信社之意義，惜未能實現也。

民國五年北京新聞編譯社成立，各地通信社亦先後繼起。惟多僅有招牌，實際之設備既簡，主持亦不在意，或爲一黨一派之喉舌，或假以爲活動之階級。比較上「國聞通信社」較粗具規模，平津滬漢各地俱有電訊，主持者尙有努力之決心也。近則復旦社中央社亦爲爲各報所採用，國外則國民通信社（與美聯合通信社交換新聞）中華通信社，亦稍稍靈活。據中外報章類纂社調查（見本書附錄）全國共有通信社一百五十五家，以北京爲最多，量誠不少，奈乏之實際耳。

國人自辦通信社之冷落如此，於是報紙不能不仰給于外人之通信社。歐戰前國外新聞上有譯報、及歐戰起，爲求消息靈通計，乃首與路透電報社（The Reuter Telegraph Co.）訂約，路透爲英人機關，國際新聞以英爲最詳，我國境內各地亦有相當之報告，取費以報館大小爲等差，由五元至二百元不等。次爲東方通信社（已停詳載本書第四章）電報通信社，爲日人機關，日本消息之外，我國北方及長江流域新聞，頗爲靈通，取費較廉，其目的別有所在，不在乎稿費之多寡也。蘇聯中美各社，亦有一部份之勢力。法德則有半官之消息。近則東方社改組爲聯合社，國民社與美國聯合社交換，皆已有大宗國際新訊，以供吾人矣。惟外國通信社，皆有其國家之背境，明知爲人宣傳或未必可靠，而扼于設備，尚不得不飲酖止渴也。近覺悟人士極力主倡組織一國際通信社之議，以謀發展獨立矣。

國際通信社之倡，民國九年全國報界聯合會已通過組織之。擬選派富有學識經驗之員，分赴歐美重要都會協同該處留學生將國際情形探訪調查，緩用郵告，電急以達，俾對外言論，有所遵循，不爲外電所左右，用意至善，惜國難無已，報館皆淹淹一息，徒托諸空言，可慨亦可嘆也已。

第三節　新聞教育運動

我國新聞教育之發端，始于全國報界俱進會組織報業學堂之提案，其言有曰：吾國報紙之不發達，豈無故耶？其最大原因，則在無專門之人才。夫一國之中，所賴灌輸文化，啟牖智識，陶鑄人才，其功不在教育下者，厥惟報業。乃不先養專才，欲起而與世界報業相抗衡，烏乎得？且報業之範圍，固不僅在言論，凡交通調查諸大端，悉包舉于內，而爲一國一社會之大機關。任重責大，豈能率爾操觚？吾國報業，方諸先進國，其幼稚殊不可諱。一訪事，一編輯，一廣告之佈置，一發行之方法，在先進國均有良法寓其間，以博社會之歡迎，以故有報業學堂之設云云。

此爲國人知有報業教育之始，惜該會旋瓦解，而未見之實行。及民國七年，國立北京大學設新聞學研究會，延新自美歸之徐寶璜氏主其事，而報業教育遂開其端。九年全國報界聯合會議設新聞大學，以造就新聞專門人才，促進全國新聞業之發達，惜議未成而會已散。上海聖約翰大學是年設報學系，附于文科，十年廈門大學成立，列報學爲八科之一。十一年北京平民大學成立，設新聞學系，聘徐寶璜氏爲主任，始正式開班教授，爲吾國有正式新聞教育之始。十三年燕京大學國際大學，十四年南方大學皆先後成立報學系，十五年光華大學國民大學大夏大學亦設報學專科，由戈公振汪英賓諸氏分主其事。南方大學報學系引言云：

報業高尚之職業也。惟其感化人民思想及道德之重大無比，故亟宜訓練較善之新聞記者，以編較善之報章，而供公衆以較善之服務。報業之爲職業也，舉凡記者主筆經理，圖解者通信員發行人廣告員，凡用報章或定期刊以採集預備發行新聞于公衆者皆屬之。本科之唯一目的，爲養成男女之有品學者，以此職業去服務公衆。

近則上海復旦大學亦成立新聞學系，延謝六逸氏主任之。復刊紀念册以永其念。燕京大學亦大事擴充，茲紀其近況如下：

美國米棱里大學新聞學院　擬聯絡燕京大學，在中國設立一新聞學系。關於此項任務，燕大已組織一中國顧問設計委員會，進行一切，并特聘董顯光君担任該委員會主席。因董君曾畢業於米棱里大學新聞學院也。

該系臨時代理主任爲納許氏，第一年創辦，至少須成立爲該校文科之一整個學系。納氏擔任之課程，重要者爲各國報紙之特點及其全部研究。藍照君所担任者，則爲中國男女生從事新聞事業之特殊知識及技藝，課程大部分係用中文教授。

關於廣告學之原理及實驗，則由哥盤夫氏担任。哥氏於秋間由美來華，哥氏爲服務米燕兩校合作事業之第一人，新自米校新聞學院畢業，專攻廣告學，係由米燕兩校合作委員會協助來華者。此委員會爲米校之學生，職教員，畢業生所組成，主席爲該校院長威廉博士。

十八年九月該系暫行開始之課程，計有新聞學緒論，新聞編輯法（中文），採訪新聞法，比較新聞學，廣告學原理，新聞學之特殊要件，社論研究，發行者之問題，通訊，新聞學之參考研究，新聞 眞研究，廣告之作法，及廣告競賣等。

凡投考燕大之學生，始有資格入該系肄業，關於絕對職業性之課程，只限大學三年生及四年生選讀，四年畢業後，授予文學學士學位及新聞職業證書。凡向該系通訊或詢問者，可致函北平燕京大學註册部。

於每年暑期中有數家中國報紙皆予貢獻一二新聞學系學生實驗之機會，并按其能力付予薪金。該系并於數家報館協定一永久之資助辦法，每報每年有該系學生一名，實驗六個月照常付給薪金云。

燕京大學之新聞學系，爲較有規模之組織。在上海者有顧執中氏主辦之民治新聞學院，在廣州者有新聞記者聯合會之新聞學專門學校等。函授者有周孝庵氏之新聞大學函授科，香港新聞學函授學校等。其關于報童者，則有世界報社計劃中之報童工讀學校，其緣起及章程列下，足資有志改進報童程度者之參考也。

世界報社附設報童工讀學校章程

(一)定名　本校定名爲報童工讀學校，共二十所；附設於世界報社，以成立先後爲次，於工讀之上，冠以第一第二等字樣。　(二)宗旨　本校以訓育世界報社售報幼童，使其領受普通常識，將來能獨立謀生，或升學爲宗旨。　(三)組織大綱　本校設校長一人，總管二十校全部事務，由世界報社聘任之。每校設主任一人，助教一人，專任各本校教授管理等事，由校長聘任之。本校設董事會，具左列各項資格之一者，得由世界報社，延聘爲本校董事：(甲)曾捐助本校經費者；(乙)曾爲本校代募經費者；(丙)對本校有特殊功績者；(丁)教育界名宿須請其指導一切者。本校二十校主任，合組校務總委員會，其組織另以細則定之。　(四)編制　每校暫設小學兩級，每級以六十人爲限。每校暫祇收男生，以年滿十歲以上，十六歲以下爲合格。　(五)課程　本校取單級教授制，每校共分兩級，茲將每級教授工作各時間，分列如下：

教授工作時間表

級別　時間	上午	下午
甲級	授課	工作
乙級	工作	授課

本校每日授課四小時，每週共　十四小時，其課程分配如左：國語六小時，算術二小時，珠算二小時，樂歌一小時，體操四小時，習字二小時，圖畫　小時，手工二小時，商業常識二小時，每星期日不授課，於工作外，聯合　十校，舉行訓話一次。　(六)入學規則　世界報社報童，年滿十歲以上，十六歲以下爲合格。經本校口試，及檢驗體格後，認爲合格者，始得入校。入學時須覓具妥實舖保，及保証人。(保證規則另定之)。入學後須恪遵管理規則，(管理規則另定之)　學雜各費一律免收。制服及書籍用品，均由校中供給。學生入學以三年爲畢業期，畢業後其成績優良，有志升學者，在本校中學部未成立前，得由本校酌予津貼，至中學畢業時止。學生在校，不得無故請假曠課。學生成績優良者，每月由校特給獎金，以資鼓勵。(給獎辦法另定之)　(七)經費　本校經費，共分三項。列表如左：(以一校爲單位)。(甲)辦辦費。房租六十元(以租屋時按北京慣例第一月須交二份計算)裝修三十元，講堂棹椅一百五十元，用具四十元，雜項二十元。(每校共三百元，按二十校計算，共需洋六千元)(乙)經常費　房租二十元，教職員薪水(二人)四十元，校役工資(二人)二十元，教授用具十元，學生用具二十元，雜項十元(每校每月共一百二十元，以二十校計算，每月共需二千四百元)。(丙)特別費　學生制服，以每年單夾棉三項合計，每校第一年約需一千二百元，後可酌減，其細目如左：單衣一套，單布帽一頂，夾衣一套，棉衣一套，呢帽一頂，雨衣一套，棉鞋兩雙，棉外套一件，風鏡一付，每校獎金，每月預定二十元，計每年共二百四十元，　以上兩校第一年共洋一千四百四十元二十共校計一萬八千八百元）。（八）計劃　自第一校設立起，次第設立第二十校爲止。第二十校成立後。即聯合二十校，創設左列各機關：一圖書館，二學校病院，三體育場，四學校劇院，二十校全部成立後，即另設中學部及未正式工廠，爲畢業後升學謀生之用。

（附）報童工讀學校募捐啟　京師一隅，十五歲以下，無力向學之貧兒，不下十萬，其中以販報爲活，或活其全家者，約居十分之一。本報因日晚兩刊，銷數既廣，貧兒賴此爲生者尤多，總計亦千人以上。此等貧兒，爲生計所迫，且以京師平民教育之未能普及，即欲求最低限度之國民常識亦苦其道無由。竊維報社之設，直接目的固在評衡時政，指導社會，然平民教育，所關至大，本報力所未逮者，亦當奮勉爲之。今目覩此巨額貧兒，失學無教，若不速加救濟，縱一時因販報之故，勉維生活，異日長大，仍難免不流爲盜賊貽國家賊社會之憂。本報有見及此，特由社籌資，決於京城內外，廣設工讀學校，共二十所，名曰童報工讀學校，收容貧兒，教養兼施，以若干時間，售報營生，以若干時間，伏案就讀，所需費用，均由校備具。資質平常，不求深造者，固可因而領受最低限度之國民常識；其天資聰穎，成績優良者，由畢業後。亦可由本校資其轉學。如此，則巨額貧兒，咸有向學深造之機，雖所陶育者，未必即爲異日之英才，然盜賊之來，失於教養，今日育一失學之人，即將來減一社會之蠹。在本報則養不忘教，在貧兒則讀可兼工，一舉兩善，無逾於此。惟設校既多，需費較繁，創建之初，尤賴多金，開辦經常各費，除由本報營業所餘，竭力籌撥外，不數尙巨，負荷既重，持久堪虞，用敢略述梗概。敬乞海內仁人，解囊輸助。無論巨細，胥所感戴，萬頃之波，成於涓滴，千狐之腋，可爲珍裘。異日各校之持久不懈，日臻發達，而巨類貧兒，不致失學者，要皆諸公之所賜也。

謹啟。

新聞教育，日趨興盛，各校添設新聞系者，亦咸有所聞。惟報童教育尙未有注意及之者，故將世界報社所倡導者附錄如上。至上海報界子弟義務學校，則爲報界工會所主辦，與此微異其趣也。

此外尙有一可述者，則爲新聞學專門刊物「新聞學刊」之創刊　該刊由北京新聞學會出版，主持者時稱三一，三一者，一葦（張航廬）一天（黃天鵬）一心（王基鴻）也。民國十五年開始籌備，十六年一月問世，爲我國有新聞學專門雜誌之始。以研究新聞學術，提倡新聞事業爲宗旨，年刊四册，二年後主持者南遊遂停版。十八年黃氏於執筆申報之暇，復將「新聞學刊」擴充改爲「報學雜誌」（月刊）歸上海光華書局出版。繼起者有上海報學社之言論自由，復旦大學新聞學系學生主辦之復旦五日刊，惜以篇幅尙少，尙待擴充耳。至此數十年出版之新聞學專著，自商務印書館出版之　新聞學」起，以至本書出版時止，據逍遙閣新聞學所藏已有四十餘種，論文在五百篇以上，又可見國人研究之興趣與日俱進也。

第四節　新聞界之集團

新聞界團體之醞釀，始自清末光緒年間。時報「宜創通國報館記者同盟會說」云：可祛之害三，一對于在外者，二對于在上者，三對于報館之記者；可與之利三：一可得互勵長益之助，二可得互相扶助之力，三可得互相交通之樂。至宣統二年時報與神州日報乃發起全國報館俱進會，旋得各地報館之贊成，乘南洋勸業會開幕，各報記者聚集之便，於八月一日成立于南京。翌年復開常會于北京。其議決要案如下：一，陳請郵傳部核減電費寄費案；二，設立各地通信社案；三，聯合設立造紙公司，並用中國紙印報案。

民國成立後復開特別大會于上海，改名爲中華民國報館俱進會，又議決要案如下：（一）加入國際新聞協會案；（二）不承認報律案；（三）自辦造紙廠案；（四）設立新聞學校案；（五）設立通信社案；（六）設立廣告社案；（七）組織記者俱樂部案。一時參加之報館約六七十家，頗極一時之盛，旋因經費支拙，不數年而瓦解，所謂結合羣力，聯絡聲氣，督促報界之進步，終成虛語耳。

民國八年廣州七十二行商報新國民報又提議組織全國報界聯合會，由廣州報界公會電請上海報界公會發起，於四月十五開成立會，到報館八十二家，代表八十四人，討論章程之外，議決要案如下：（一）對外宣言案；（二）對借款宣言案；（三）維持言論自由案；（四）減輕郵電各費案；（五）陰歷年終報紙不停版案；（六）拒登日商廣告案。

翌年開第二次常會于廣州，到報館及通信社一百十二家，代表一百九十六人。決議要案如下：（一）對外宣言案；（二）對時局宣言案；（三）請願國會以絕對自由保障言論出版條文加入憲法案；（四）表揚報界先烈案；（五）派員考查勞農政府內情案；（六）電請美國上院對於山東問題主張公道案；（七）組織國際通信社案；（八）組織審定名詞會案；（九）拒登日商廣告案；（十）籌設新聞大學案；（十一）推行注音字母案；（十二）力爭青島案；（十三）勸告勿登有惡影響之廣告與新聞案；（十四）加入國際新聞協會案。第三次常會，原定於十年在北京舉行，不幸會員分為北京日報與晨報二派，內訌既起，會務停頓，大會遂告消滅。該會會章第三條本會之宗旨及目的云：（一）為謀世界及國家社會之平和的進步，得徵集言論界多數之共同意見，以定輿論趨向；（二）保持言論自由，聯合人類情誼，企圖營業利便，以謀新聞事業之進步。是較中華民國報館俱進會又爲廣泛也。

「全國報館俱進會」與「全國報界聯合會」乃全國新聞事業之大聯合；其由各地同業組織者，最初爲「上海日報公會」，十八年之東北觀察團，即該會所主持。其組織以報館爲單位，以聯絡情誼，共謀進行爲主旨，各地或稱報界聯合會或稱報界協會，名稱雖異，而宗旨則同。其由新聞記者組織者則有「上海新聞記者聯合會」，以研究新聞學識，增進德智體羣四育爲宗旨。各地或稱新聞記者俱樂部或稱記者公會，章程陳義雖高，惜多徒有其表爲憾。

茲附記民國十六年湖南全省新聞聯合會議案如下：

「一」農工消息，應設專欄，篇幅應佔全幅四分之一案，議決(甲)採訪農工新聞，由各地斟酌各地情形，自行辦理；(乙)各報對於農工消息，應另闢專欄記載，篇幅每天至少須佔大張半版。「二」國際消息，應多介紹，至少每天佔一大張四分之一的篇幅案，議決：照原案所提辦法『國際新聞至少每天應佔一大張的四分之一』通過，如能另闢專欄更佳。「三」擁護中央全體執行委員會議決案，議決：(甲)發通電；(乙)各報闢專欄，將此次議決案，按日逐條詳爲說明，并多著社論，喚起一般民衆注意。(四)各報應一致擁護湖南新政綱案，議決：(甲)發通電；(乙)闢專欄逐日逐條解釋。(五)取締消閒副張，查禁花報，并規定此後各報副張，宜登載關於革命宣傳的文字案，議決：(甲)報紙的性質，根本不是專爲尋開心的，侮辱女性的，如什麼花報，應當根本加以取締，不完全改組，即將根本查封：(乙)消閒的副張，專以引起別人興味爲宗旨，專登載舊的諧文，消極的提倡復古，認爲與革命相違反，亦當予以根本取締；(丙)凡副張所登載，無裨於革命，大都是不關緊要的閒談之類，應當促其改良：(丁)此後各報副張所載文字，無論藝術社會科學，均以有革命性宣傳者爲限。(六)統一宣傳案，議決：(甲)全省新聯在某一個時期，應擬定某一個時期的宣傳綱要，分發各地新聯轉發各報館各通訊社遵照施行：(乙)某一項羣衆運動，或某次一政治發現或變遷時，全省新聯應很迅速的發表宣傳綱要，分發各地新聯，轉發各報館各通信社，爲宣傳的標準：(丙)各報羣衆運動，或政治發生變動時，各地報紙，須依照宣傳綱要所規定標準，多發表論文。(七)統一組織案，俟印發再行討論。(八)請省黨部通令各縣辦一黨報案，議決：通過，其種類不限日刊或週刊，并須在公共場所張貼。(九)籌辦新聞記者養成所案，議決成立　(十)取締廣告案，議決：(甲)禁登英日商品廣告：(乙)禁登反革命反農工運動廣告：(丙)禁登反文化廣告。(如看相算命及一切詐騙迷信等廣告；(丁　禁登頌揚廣告。(十一)取締掛名之報社及通信社案，議決：(甲)由本會登載聲明取締：(乙)綴請政府查拿。(十二)致電歡迎譚委員延闓來湘案，當經衆決定由秘書處拍電歡迎。該會成立後，以振於經濟，不久亦瓦解。

統觀報界之組織，十數年來，每每彼仆此興，鮮克持久，無怪外力之壓迫摧殘日甚也。至國際團體茲擇其與吾人關係較深者一述焉：其最初者爲「萬國報界大會」，一九一五年成立于舊金山，參加者三十餘國，一九二一年開第二次大會于檀香山，我國亦派代表與會。各代表對中國新聞事業與世界之關係，皆有長篇之演說。蓋該會目的在藉各種會議，討論及聯合努力以求報業各方面之正當發展，此種會議專爲討論直接關係報業之各種問題。而不涉及政治宗教與國事也。

該會議決要案爲（一）請世界各國政府扶助各該國報紙，將所有新聞一律發給登載，並將所有各政府機關准新聞記者出入，以便採訪新聞。（二）請各國政府協助減少新聞電費，改良郵電交通諸機關，以期消息格外靈通。（三）請世界各國政府取消種種關于國際旅行不方便之處，若護照及交納費用等，以便新聞記者之往來。（四）請世界報界大會會長選派下列各委員會：（甲）新聞傳遞委員會，（乙）促進言論自由委員會，（丙）辦理交換新聞記者委員會，（丁）提倡新聞教育委員會，（戊）維持報界道德委員會，（巳）組織新聞記者互助委員會，（五）請世界各大報館互換新聞記者，以資聯絡國民感情，而謀世界和平之捷徑，（六）請世界各國報紙注意各國民情風俗，以資研究而去誤會。此該會大概經過也。

一九二七年國際聯盟召集報界專家會議，以謀國際新聞事業之改善與進步，參加者凡三十六國，專家六十三人，審查員二十二人，顧問三十五人，我國戈公振氏與會焉。會議于八月廿四日開幕，除全體會議外，又有普通委員會係討論普通會務者，有海電委員會，係研究東方與歐美交通者。議決案依其性質分爲三類，一屬于交通者，即新聞之蒐集；二屬于運輸者，即新聞之傳遞；三屬于便利者，即新聞紙之運輸也。決議要案共有十件，由比外長于九月二日報告于聯盟行政院，二十二日又報告于聯盟第八屆大會，各國代表無異議，在原則上全部採用，除有關交通之若干專門問題尚須由交通運輸委員會研究外，餘即分咨各國政府實行。中國代表戈公振氏在大會演說云：

余詳覽本會議程，對於所討論之各問題，極爲注意。以爲本會所通過之議案，中國報界團體，必竭力爲之實行。余係中國記者，敢請此國際團體注意：本議程內，有二問題於中國有特別關係，其一爲傳遞新聞之海綫，及無綫電之費率；其一爲新聞檢查法。近世報界重要原素之一，爲搜集與傳遞新聞。每日報紙之紀載，大部具有國際性質，對於距離較遠之國家之事實，比諸本埠新聞，雖不視爲更爲重要，但至少亦必相等。中國現當改革時期，凡百事業，進步甚遠，而報界爲尤甚。中國報紙之數目，年有增加，銷路日見推廣，其勢更伸張至中華民國之極邊。中國報紙最大用款之一，亦與他國同，卽國外新聞費用是。中國與歐美兩洲間之新聞電費，較之歐美兩洲相互間，高過二倍有半，原因甚多，而距離則爲其要點。余固認中國與歐美兩洲間之新聞電費，應超過於歐美兩洲相互間。然中國在國際問題上既居重要位置，竊以西方之需要中國新聞，與中國之需要西方新聞，其量必與日俱增。故此相去太遠之電費，確有厲行減少之必要。本會對於歐美兩洲間之新聞電費，方將討論減少，中國與歐美兩洲間之距離，雖較歐美兩洲相互間爲大，而減少電費，更須特別。中國需要尤廉之新聞電費，其理甚明，蓋中國報紙較之歐美，尚屬幼稚。凡歐美報館能支款百萬者，中國只可支千數。西方報紙往往銷路多至百萬以上，以今日中國報紙之銷數論，尚未能勝此項費用也。然中國讀報者欲知國際新聞，亦猶西方讀報者欲知中國新聞也。本會除討論純粹物質上之利益外，其能使本會委員遵道而來之原則，則國際聯盟爲理想所引導，知世界和平爲國際間相了解所維持。吾人對於可以增進此項了解之運動，皆表同情。雖然，中國在此世界上可謂爲人最不了解國家之一：第一原因爲中國與歐美相距過遠，第二原因爲種族與心理不同。余爲深懼爲第三原因，則爲世人不欲了解今日中國之願望。如其欲之，非對於中國掃除成見不可。邇來遍遊歷歐洲，觀察各國對於今日中國之「國民運動」，殊各誤會一端，深爲詫異。消息之證爲不正確者，而有極端之傳播。余以爲事後更正，失效甚鉅，有時其價值且等於零。釀成此種特別情形之錯誤，乃生於發電之地點。諸君當知中國對於本國及外國間之交通，無權管理。即在戰時期，中國當局對於由海線傳遞之電報，亦無檢查之權。最近西歐報紙，關於中國國民政府高級官吏之譭謗報告，迨訴諸法律始行更正，可爲此事作證。余望本會討論新聞檢查法時，大家注意於政府之檢查。吾人念及報界權利之際，當念及報界之義務。中國地大物博，隱成遠東商業中心。歐戰以後，進化亦速。且今日之國民運動，已引起全世界之注意。昔外國對中國新聞有興味者，今中國對外國新聞，亦有興味。故從政治上商業上觀察，彼此了解之同情，其需要亦爲有加無已。余讀去年日本電報通信社代表老川茂信君提出通訊社等籌備委員會之建議，關於日本與歐美兩洲間之電報費，希望減少至三角以下，極爲注意。此端與中國係屬同一情形，故余對於該代表之意，深表同情，希望本會設法使之實現。電費減少之結果，將立即增加對於中國新聞之字數，私家商業上之收入，將因之增加而不減少，重要消息既可詳細報告，則中國讀報者，對於報紙自然需要日高。同時可使報紙竭力滿足其希望。抑更有進者，余以爲本會可由國際聯盟按時召集，使輿論代表，得以討論專門問題，將所有之特別利益，及國家觀念，置之一旁，專以增進國際間之了解爲目的：時報爲獨立報紙，國聞通訊社爲獨立機關，今余以時報及國聞通訊社記者發言，對於外國報紙及多數報界團體，具了解中國之誠意者，深爲欽佩，更信中國人民亦同具此感想。余希望西方報紙，在其國內皆具偉大勢力，爲遠東和平計，宜繼續努力，以增進中國與西方之了解。今本會與國際聯盟合作，尤可獲無量之便利焉。

一九二八年德國舉行萬國報紙博覽會，中分十二部，以德國報紙爲主體：（一）報紙，（二）雜誌，（三）印書工業以及圖畫上之美術，（四）工業組織與機器以及一切附件，（五）報界總會，（六）世界各地之德國報紙，（七）報紙及交通用具，（八）報紙與美術之關係，（九）廣告與報紙之關係，（十）報學，（十一）紙張，（十二）照片及底片。此外各國報紙闢一萬國館陳列之。德國外交部曾請我國參加，顧國事擾攘，未暇注意，而該會以中國爲東方古國，因托中國學院院長衞禮賢氏向中國徵集出品，應者寥寥，僅商務中華兩書局送往書畫若干，該會又托柏林中國通信社蒐集，總合雙方所獲，湊以博物院所藏佛像甲骨瓦當銅活字及中國學院書報，勉強成立中國館，無大可觀也。

第五節　記七大城市報紙之近況

予述新聞事業之現狀既畢，意猶未盡，頗思一論各報之情形，而遠竄海外，近況莫得而詳。無已，姑取報學雜誌之存稿，略加整理，復就此二三年來較著之變遷，一述其近況焉：

全國新聞事業之中心，在四五年以前，以上海與北京對峙，各有其特點。上海爲全國經濟之樞紐，商業發達，廣告收入，歲逾百萬，營業賴以獨立，且去都較遠，又羣聚租界，未受政治之影響，申新兩報有悠久之歷史，已樹良好之基礎。政治記載稍遜北京，而經濟消息遠非北京所能及。自國都南遷，情形已變，政治記載以密邇首都故，已較前爲敏捷，而國家多故，檢查新聞彌嚴，言論之自由，反不如昔日，精神所受之痛苦，較前尤甚也。所謂政治南來，而輿論北去，個中人語，頗堪尋味。北京原爲近數百年之首府，政治新聞之發源地，以人才論，爲全國各地最，故報館通信社林立，惟以政治區非商業區可比，每不能以營業自立，多與政治發生關係以圖存，幸編製素精，銷路尚佳。自軍事頓興，當道藐視輿論，動輒得咎，已入於不易維持之勢。國都南移後，營業益形衰落，不能不謀新途徑以自存，而羣起爲新聞之競爭，以謀樹營業之基礎。在言論方面，反較前日爲有氣骨也。南京向以逼近上海，新聞事業不易發展。自國民政府定都後，冷落之石頭城，遂爲政令之所出，無冠帝王雲集，新聞事業遂有勃興之象。京報中央日報奮起，皆有相當之規模，中央日報爲中央黨部直轄之大報，爲黨報中之巨擘。滬漢平津各地大報，亦于京中設辦事處，以事通信。數年來新聞事業之變遷，當以南京爲最。漢口握長江之上游，爲全國之核心，中部商業，總滙于此，隔山武昌，又如政治之次要區，各報多能以營業自持，雖未及滬報之盛，而已勝遼粵一籌矣。廣州地鄰港澳，對外交通最早，爲新聞事業之發祥地，國民黨據守有年，新聞事業亦尚發達，廣告亦有相當收入，執業多嶄新人物，三年前北方政變，人才薈萃羊城，各報之論評副刊，極一時之盛，自國民政府北遷後，始稍冷淡，而新聞記者努力之精神，仍始終如一，團體生活，亦較各地爲佳。天津爲北洋要港，商業稱盛廣告之收入，素有可觀。亦在租界，言論自由，各報乘時崛起，力謀鼎新，評論之嚴正，以敢言著，在全國中最有生氣者也。遼寧爲東三省之重鎮，關外之天府，新聞事業亦頗發榮，惜多操之日人之手，年來國人興起，已日就發達矣。此外如黨報之蜂起，亦近來之一特點也。

一 上海

申報以五十餘年之歷史，爲海上報界之前輩，銷行最廣，婦孺盡知。發刊於同治十一年，初主者爲英人美查氏，美查旋歸國，委其鄉友阿柏拿及芬林接辦，光緒三十三年以七萬五千元讓於華經理席子佩氏。民國初年，再讓度於史量才氏。廣告發達，營業賴以獨立，持論平允不阿，未與任何方發生關係。年來內部大加刷新，幹部多新專家之人才，自置每小時可印十二萬份之捲筒機，添裝音樂無綫電台，每日六大張半，國人頗喜其超然，民衆日見喜讀。廣告收入，月在十五萬左右，聞每年常獲一二十萬之紅利。日銷十四五萬份。該報刊有「最近五十年」紀念册，第三篇論新聞事業頗可一讀。

新聞報時人每與申報並稱，初爲華商所經營，推西人董其事。後不能支，爲丹福士收買。光緒二十五年轉售與美人福開森氏，聘汪漢溪氏襄理其事。越七年，改爲股份公司。趨重社會及商務之記載，「快活林」與「星」字插畫，極合普通人士之心理。銷路以中下級社會最佔勢力，廣告較申報稍多。自設無綫電收音機，消息益見靈敏。汪氏去職後，其子伯奇繼任，無忝父業。革命軍到滬時曾擬改組，以在美署註册未果，後伯奇赴寧疏解，始得無事。去年收回外股，遂爲華人所全有矣。

時報初館主狄楚青氏，創於光緒三十年。十數年前風行海內，聲名之佳，遠超各報之上，而學界之人，尤樂結納。平等閣主好佛，新館址上建以七級之寶塔，主筆昔爲陳景寒氏，即申報之陳冷雍充，歷年營業不振，[illegible]得有正書局之助。戈公振氏主編之圖畫周刊，極蒙普遍之歡迎　特約通訊亦多爲各報所不及，彬彬振靑萬葉小可其著者也。近由黃伯惠氏接辦，廣告缺乏，賠累甚多，新從德國運到六色版，為全國唯一印機，現印紅綠二色，美術意味甚濃，亦新聞業一大進步也。

時事新報昔為進步黨之機關，主筆張東蓀氏，前數年時有任公之文章。舉凡編輯營業，均取最新式，且富改革與進步之精神，世人與北京晨報並稱，以有共同之優點也。其社論頗多精采之作，亦能容納社會輿論之來稿。副刊之「學燈」於「新文化運動」克盡天職。革命軍入申，適當易主改組之際，既由合記公司接辦，標題提綱撮要，別具新格，銷數日有增加，世人目中，一較有進步之報紙也。

民國日報為國民黨之機關報，且在黨中有正式之開支，不甚注意於營業也。主筆為葉楚傖，昔邵仲輝（力子）主編之「覺悟」，極受青年之愛閱。自黨軍佔領東南，得政府大宗資助，益事擴充，規模擴大，組織報務委員會管理。復得法院特許之「訴訟廣告」，內容日新月異，十數年來旗幟最鮮明，始終不變其旨之報紙也。

商報初為湯節之所創辦，始於民國九年，言論記載，聳動社會耳目。總主筆陳布雷氏（畏壘）之論說，以嚴正犀銳知名於世，一洗各報圓渾陋習。但局面過大，後卒不支，終以

「席上珍案」湯氏被拘，主權轉入李徵五氏之手。旋又入傅筱庵氏名下，傅逃，有人計畫接辦，近又停版矣。

二　北平

自奉張出關以後，北京報紙，停業者有晨報黃報等。其他益世報，世界日報，順天時報之流，則照舊出刊。復活之報，有京報，國民日報。新出之報，有新晨報，北平朝報，新中華報，華北日報，全民報，民言日報，河北民國日報，北平民國日報，北平日報等。各報各有其背景，論其表現之色彩，多半依其背景而定，茲分述之：

（一）益世報　益世報爲北京舊有大報之一，爲公教徒所創；帶宗教色彩頗濃。對時局消息，間有極確實者披露，副張亦載文藝詩歌筆記等類作品；但非副刊形式，僅大報中一之欄，一如申報自由談之類，銷路頗廣。

（二）順天時報　順天時報，爲日人所辦，每年經費三十萬元。編制方法，殆與益世報同一軌迹。現經北平市民之抵制，銷路極少。（按近已停版）

（三）世界日報　世界日報，爲現北平大學秘書長成平所辦，消息靈通，有夕刊曰世界晚報，銷行頗暢。

（四）北平朝報　北平朝報，爲二集團宣傳處所辦，經費每月預算五千元，在十七年七月開辦。開辦之始，日出五張；日有社論，與短評，有獨立的副刊，規模頗大。後又改爲二大張，則爲節省經費起見也。副社長辭職，各版主要編輯，亦隨之以去，馮令北平市長何其鞏接辦，副刊仍獨立，今已停版。

（五）新晨報　新晨報本爲舊晨報所改編。先是，閻軍入北京時，晨報以過去載反革命言論過多，乃以地址機關等件，讓與閻氏。閻命其交通處處長李慶芳氏接收，原來之明明印刷局。由現之在進璽印刷局，以一萬元買得其器具。現新晨報廣告費收入頗多，報費收入亦不少，每月總數約在九千以上。該報所載各方消息甚富，但犯蕪雜之病。全部編制，少一貫之精神，每日有社論，曾發極新穎之言論，鼓吹革命甚力，並主張黨的改組，遂爲南京中央黨部所警告。副刊獨立，言論較左傾，惟取材不限於某一方面，科學，文藝，政治，學術，並刊載之，範圍太廣，亦患亂雜耳。

（六）河北民國日報　河北民國日報，爲河北省黨部之機關報，本設在天津。後省黨部遷平，遂隨之移平。其始日出二大張，載黨部工作程序，及照例文件極詳。移平以後，擴充副刊，日爲二張半。特約投稿者，有前北京文學研究會中人，及薔微社社員，以主編者爲薔微社人物也。銷數日在數千份以上，每月經費收入甚微，全持省黨部每月五千元之經費。亦黨報中之佼佼者也。

（七）新中華報　新中華報，爲沈伊默張鳳舉等所辦，日有社論，有獨立之副刊，現以經費支絀，副刊停版，銷路未廣。

（八）華北日報　華北日報，爲中央黨部在華北設立之黨報，主辦者爲沈伊默氏。有社論，亦有獨立之副刊，消息亦多。銷數日在數千以外，但廣告費收入甚微　亦恃中央津貼。

（九）北平日報　北平日報，爲交通日報所改編，亦隸屬三集團，本爲小報，現漸擴充。亦有社論，有獨立副刊，銷數日在數千以上。

（十）民言日報　民言日報，亦屬三集團。其始日出一張，現出二張，編制與舊晨報相似，受舊晨報編者之指揮，有社論，但無獨立之副刊，於新文藝無專版刊載，銷數日達五千以上。

小報如「羣強報」「實事白話報」等，新聞剪自昨日大報或晚報，戲單小說鼎足而三。印刷極劣，售價二枚，平民利其淺白而價廉，人手一篇，其銷數之大，常越著名大報之上。近年新興之「小小日報」，印刷稍見改良，以遊戲小品著，銷路甚好，月有盈餘也。

三　南京

自國府奠都南京，新聞事業，日趨發達，但僅有形勢，精神上則極枯燥，政治之中心，因在斯地，而輿論之中心，確在北方。有識之士，均云昔日輿論之中心在京滬，今日輿論之中心則在天津，誠的論也。蓋近兩年來向執全國輿論牛耳之上海，近已與日退化，逐日所載之消息，幾致千篇一律，不論專電通信，均屬囫圇吞棗，完全機械作用，有統系撰擬之稿，十日不得一見。各報館當局，雖明知癥結之所在，而無改良之方也。一般閱上海報者，均注意於本埠瑣碎新聞及報屁股。自北方報紙到京分銷，一般人士乃爭先訂購，一覩南方所無之記載，故華北日報，商報，大公報，及益世報等，已為社會上注意之物。上海東方晚報出版未及兩月，日出半張，每日清晨到京，所載之消息，十九為各報所無，長篇記載，尤覺可讀。而引起一般人士興趣，故每日來京三千數百份，不二小時即可售罄。以云南京之新聞事業，則有通訊社五家(一)「中央」，爲中央黨部所辦者，所載消息，完全公報性質；(二)「日日社」(三)「復旦社」此兩家則比較有特殊之消息，(四)「多聞社」發行未久，尚不能與上述各社相比；(五)「自由社」，消息尚未見出色。至報紙則屬於中央者有中央日報，日出數千份，銷售京市者日益增加，京報亦與政府有關，銷數超出各家之上，日出一萬七八千份。此外民生報日銷亦有數千，國民日報次之，老百姓報日銷二千餘份，該報僅半張，但頗能代表民衆說話，爲老百姓喊冤，惜閱者仍係有識之士，販夫走卒，鮮知注意　三民導報則奉令停版，已兩月有餘；城南之首都日報，則市府以首都新報所改組者，日出一大張，材料既缺乏，編輯亦腐舊，日銷若干，尚無從調查。溯自革命軍抵京以來，所出之報紙，無慮數十，而生存至今者，僅上述數種而已。生命最長者厥爲民生報。統計前後所出，共約十二種也。

四　天津

天津爲華北最大通商口岸，是以風氣開化最早，而報紙亦較他埠爲多。據最近調查，非屬於某機關而純粹爲私人集資創辦之報紙，大報有益世報，大公報，庸報，商報，泰晤士報，華北新聞，時聞報，大中華商報，民報，啟明報，大中時報，國貨商報，天津時報，新天津報，（此報篇幅雖小，而內容精神與大報同，平常刊四張，星期日五張，故列入大報）。關於官報方面者，有建設日報，屬於日本宣傳機關者，有天津日日新聞，至小報則有午報，晨報，晚報，華北晚報，新天津晚報，泰晤士小報，評報，消息報，現世報。屬於特別市黨部者有天津民國日報。各報銷數最多者，以目下而論，祇有一萬八千份，最少者有六七百份，以較上海中新各報，未免有望塵莫及之嘆。惟一年來天津報紙之進化，頗足使吾人從事新聞業者精神上得一極大之愉快。而民衆方面對於報紙，更覺有極大之快感，是以曩日天津報紙其銷路僅及黃河以北各地，今則寧滬粵漢對於天津著名之大公益世等報，均漸注意，銷路日增。而各報銷行寧滬漢各地亦多設有大規模之分館，其經費恒月耗二三千元。以此情形推之，若能繼續努力革新，則一年後天津之報紙，當更有可觀之新紀錄也。惟天津報界，缺乏團結精神，誠爲一大憾事。蓋天津報界，向分大派小派，而近一年來又分南派北派，所謂大派小派者，係指大報輕視小報而言，向不曾與連絡，所謂南派北派者，係指報館中主要人爲江浙各省籍人，與北方各省籍人，（按庸報大公報商報內部多南籍人）是以至今各報相互視爲陌路之人，更無所謂報界公會，報界同志會，新聞界聯合會等團體之組織。除非遇有特別大事臨時召集聚議外，平日殊少聯絡也。

五　廣州

廣州報界情形，一如昔日，毫無改善，近日省市黨部以新聞事業之優劣，國家政治隆替，社會文化之消長，有直接之關係，擬對於本市新聞事業有所扶植，俾政治社會各方面易於改革而進步，此種工作，殊爲重要。茲特將廣州市近日報紙未能改善之原因，與將來改善之方法，略一言之，以見廣州新聞事業最近趨勢之一斑。

目前廣州報紙，有民國日報，國民新聞，現象報，公評報，越華報，國華報，新聞華報，共和報，大中報，大中華報等十一家，民國日報爲黨辦的報紙，其他均爲商辦的報紙，其間之分野極爲明瞭，就是黨辦之民國日報，其目的在於爲黨宣傳，其他十家商辦報紙，其目的完全在於營利。即以其內容之編撰言之，如立在黨的立場作社論，登載學藝文字，紀錄黨務新聞，此爲民國日報所獨有，其他商辦報所無者也。專撰遊戲猥褻之小品，淫靡黑幕之小說，此爲諸商辦報所專有，民國日報所獨無者也。若分而論之，民國日報每月經費，除營業收入外，每月由政府補助一萬元，故組織規模比其他各商辦之報爲大。即編輯訪員人數，亦較他多二三倍。商辦各報，其組織上因經濟關係，編輯訪員，總合不及十人，其編輯方法，因銷報關係，注全神於與新聞事業無大關係之小品及說部各種文字，相沿至今，迄未有所改善，至論說一欄，則沉寂者實居多數。間有作者，則三行兩段，毫無論說意識。其他如電報一欄，多轉錄香港各報，通訊一欄，則取材於京滬各報章，近始稍事注意，致力改良，已稍見進步。

近日省市黨部以廣州新聞事業如是落後，自不能不急起直追，設法改善，蓋廣州報紙落後之癥結，其屬於組織者，則純以資本關係爲多，仍有待於社董之措籌；其屬於編輯者，則省市黨部負指導之責，自有可代爲規劃者。即以消極方面言之，政府機關對於廣州報紙之檢查，有影響於廣州新聞事業之發達者亦不少，蓋因檢查新聞者，往往缺乏常識，亂抽亂檢，因之關於軍事政治各種重要新聞，在廣州一言半字不能發表者，而在香港則可以長篇大段紀載之。因之廣州閱者對於閱本市報紙之信仰心，日漸減退，省市新聞記者聯合會對此屢有所提議與向黨部及政府方面請求，但遷延至今，亦迄無辦法。蓋檢查報紙事件，無論軍政或訓政時期，戒嚴與非戒嚴時期，均為一律，幾成定例矣；故無論何次政府當召集新聞記者談話，政府方面每以廣州報界之墮落為言，而記者亦每以取銷檢查新聞為請求也。近聞省市黨部積極扶植新聞事業之內容辦法，將合黨政軍各機關派員會同省市記者會，共同組織一個大規模之報紙檢查委員會，關於軍事政治消息，除政府絕對嚴守祕密者，不准載刊外，其餘則可自由登刊。其他之有妨風化之社會新聞及小品文字。均予以嚴密取締，至其他一切扶植新聞事業進行，現正盡力規劃中也。

六　漢口

漢口新聞事業，雖未足以與上海營業報相提並論，要亦與純恃津貼為維持者有別。地當全國中部，商業之薈萃，廣告較各地為勝。溯其往史，亦有可觀。辛亥前後「大漢」「新聞」「江漢」諸報，相繼樹幟，各有所鼓吹，旋遭當局之封禁，社會以未甚重視之故，殊乏同情之聲。時「中西報」始即以營業為本位，社會亦公認為穩健的超然的之報紙，不啻一漢口之「申報」也。武昌起義，大漢報主者老民黨胡氏，以宣傳革命，著有勳勞，足以轉移人民對報紙之注意，而啟問政之思想也。繼起者不下千數，與厥不時，惟大漢「國民　以各據有特殊之勢力，得與復興之中西報爭雄。四年以至吳氏秉政之日，新聞紙隨政治之潮流以出沒者，約三十幾種，若正義（八年創刊）若公論（十年）若新國民（十二年）若大陸（九年）若民德（十一年）若武漢商報（九年）爲規模較大而世知名者，斯可謂漢上新聞事業極盛之時期。北伐軍飲馬長江，報界情形劇變，實報快報及漢江晚報等自行停版。黨軍每至一處即有大規模之「某地民國日報」計畫，以宣揚黨義，國民新報因某種關係，遂將館址及印機，全盤贈助，以促「漢口民國日報」之成功。月支黨費六千元，經費既裕，自足以言發展也。「國府」移寧，該報又有一番滄桑矣。又寧漢分庭時有「中央日報」紙張大僅及大報之一半，與通常之晚報等量，頗於展閱實較大報爲便當，計六小張。各報銷路，約在數千之間，無確實之調查也。

七　遼寧

奉省人民，因受以前軍閥時代之壓迫，其思想均異常陳腐，提倡人民知識之新聞紙，亦寥若晨星，以人烟稠密之奉垣，不過僅有東三省公報，東三省民報，醒時報數家耳，其餘即爲日人所辦之華文報，如盛京時報，滿洲日報，泰東日報，關東報均盛行於東省。然日報宗旨，在於宣傳帝國主義，作侵略之先鋒，一般人民之購閱，不但未能啟迪知識，且益受其惡影響，東省民智不開，此亦一大原因也。近年來東省知識階級多有創辦新聞事業者，抑亦革新之好現象歟。

言遼寧報業者當數東三省民報，社址在大南門裏文廟胡同，日刊兩大張，民國十年出版。初爲國民黨員所辦，主者病故後遂由當局出資收買，復令各縣知事，商民閱看，故得銷行頗旺。至民國十七年九月，遂爲國家主義派佔據，而易以陳淵泉氏爲社長……陳在北京晨報服務，及晨報自動休刊，乃赴奉主持民報，並採用國家主義派健將爲編輯，任該報大肆宣傳，聞省府聘陳氏爲高等顧問，並每月津貼該報如干，自由陳氏主持後，大事整頓，革新編製，頓呈活氣，極受中外人士歡迎，爲東北報界之最有精采者，前途正未可限量也。

東三省公報，社址在大北門，日刊兩大張，星期日刊小公報一張，元年出版，行銷數千。王希哲氏爲社長兼主筆，王係保守人物，兼任道德研究會長，各商刊登廣告者，亦多重並因自設印刷，鑄字出售，其營業狀況，尚稱佳良。

醒時報，社址在小南關工夫市，日刊兩大張，行出版已廿一年，主辦者爲回教人，所有編輯皆係家人子女，缺乏新聞訓練，故有時言論黃色傾向，受下級社會歡迎，張每自稱曰家庭報。創辦之初，曾備嘗艱苦，現由辦報餘款，已築有深院廣屋，而居然成爲富人矣，東省營報業者，醒時報可稱獨步。

新亞日報，社址在大東關恒知府胡同，五年出版，完全爲平民報紙，主張排日宣傳三民主義，日刊兩大張，最近有加入資本，努力擴充。

東北日報，社址在瀋陽縣胡同，民國十五年出版，日刊一大張，主辦者少學識，編輯方面不用一人，皆取京津各報，以塡篇幅。

平民日報，社址在工業區，日刊一小張，十七年十月出版，主辦者主持公道，學界人士多購閱之。

奉天市報，社址在大西門裡，市政公所內，出版三年，日刊一大張，祇在省城內銷行數千份，由市政公所分派，商會團體看閱，所載者市政府公布文章也。

新民晚報，社址在商埠地，十七年出版，日刊一小張，社長爲趙時雨氏，該報注重花界，故每日報上名花滿篇，極受社會歡迎，最近擴充日報兩小張，頗如銳意經營，日見進步。

新奉午報，社址在大南門裡，日刊一小張，發行人爲總商會文牘，該報無甚精彩，十八年二月出版。

大亞畫報，社址在南市場，每週出版一小張，行銷各地，圖畫記事兩臻其美，故極受社會歡迎。

無線電臺日日新聞，社址在東北無線電臺院內，日刊二小張，中英文各半，銷售數千，主辦者卽無線電臺。

右列各稿所述時期，略有差異，而在此政局急轉中，新聞事業情形，瞬息又有若干之不同，姑存一格而已。

第六章　新聞事業之將來

第一節　新聞事業進步之趨勢

中國新聞事業之進步，已有一日千里之勢，在最近之將來，必益見猛進之大觀。此種蓬勃之現象與發展，以既往數十年之事實證之，當信斯說之非虛。溯自「邸報」至今，爲時二千餘載，而發展則在最近之五十年間。自「察世俗每月統記傳」之創刊也，十年間之繼起者數不出二十種，而今則數逾二千，發行額亦增百數十倍，此量方面之遞增也；就質方面言，昔則因陋就簡，取材編製，多不足觀，今則累數十年之規劃，內容燦然大備。縱不能遠比歐美，而在此政失重心，兵戎頻興，凡事事業，俱受阻滯之秋，而新聞事業猶能苦持奮鬥，日有發展，不失爲一進步之事業。茲後大局底定，百廢俱興，新聞事業自必顯其靈威，而放一異釆，即不幸而干戈擾攘，環境仍艱，憑既往之歷程，着繼努力前進，亦必呈猛進之鉅觀也。美人之論我國新聞事業之將來者曰：

中國之新聞事業，將來極爲有望，並獲良機，以實現眞確之輿論，爲社會効力。即自經濟及教育以言，可爲之機尤衆，今日不過其發端，横逆之來，乃藍路華縷時所有爾。觀乎其東鄰日本之情形，亦有嚴酷之報律，然並不足以碍其追步歐美，而反以成爲特點。於此我人可言，中國新聞事業之發展，可以用日本之過程以推測之也。

然新聞事業困難之情形亦殊多也。如混亂政治之危及新聞業與記者也，交通阻隔之妨碍傳遞新聞與運報也，教育未遍閱報不能普及也，凡此種種困難，固未容樂觀，然日在改革進步中，則爲顯明之事實。發行數目之驟增，即此一端，已可見國人對新聞紙興味之日增。關于輿論之覺悟與勢力，亦可於五四運動與巴黎和會華府會議觀之。故曰，中國新聞事業至有希望與進步也。

右所論列，實至洽當，日本維新以前之情形，固與我國至爲相類，其最老之每日新聞，與吾國最老之華字日報與申報，年齡不相上下也。以我國之地大物博人稠推論之，將來之發達，蕞爾三島殊不足以望吾人之肩背，吾人不必妄自菲薄，委過于環境，天下無不可爲之事，況新聞事業立在時代之前頭者乎。

茲再引證今日新聞界進步之現象，以實前說：其一為國民對新聞紙之注意與研究之興趣也。此可由閱報者增多見之，平日家居，已養成閱報之習慣，殆已與晨餐同其重要，遇時局有重要變遷或國際大事時多佇立街頭以待晚報之消息，路上亦可見走閱報紙者急切之神情，已改昔日漠視之態度，而變為必需之日用品。因此需要而引起研究之興趣，新聞究為何物，報紙編製孰優孰劣，此皆可在一般談話中得之。其尤者則復閉戶研究，投身學校專攻，觀於新聞學專著之由二三種而至數十種，與專門雜誌新聞學刊之出版，以及年來新聞教育之勃興，大學新聞系之日善，可以證明其進步也。其二為新聞界之努力與圖革新也。十數年前新聞界鮮能自立者，類多汲汲遑遑於謀生存，甚至不自愛而自毀其報格；今則多謀營業之獨立，樹本身之基礎，廣招廣告，以裕收入，推廣銷路，以張聲勢，新聞之力求靈敏，編輯之採用總合，人才之延攬，設備之求全，在在足示革新與求進之決心。就上海言，各報之發展其所長，或注意政治消息，或側重經濟新聞，或提倡教育，或特載體育，或努力黨務，皆各有專長，以吸引各階級之讀者，此種競爭心，乃進步之表現。推而至於全國，莫不皆然，就大體言新聞事業，固日日在進步中也。

讀者猶疑上述猶多議論乎，且再記一事實以實此說焉。上海申報，今日全國最大之報館也。創刊于清同治十一年，迄今已五十有七年，其全部歷史，上半部無足記，所重要者在下半部，而下半部三分之二之時期，即自民國元年以至今朝，是可證新聞事業之發展，乃在最近之一二十年也。茲就該館各方情況，附述如左。

（一）館屋　前此係租任福州路望平街口三開間三層樓，前後兩進，建築未得其法，地位不免局促，光線暗淡，各部混雜，起居衛生，殊多妨礙，全部面積，且僅占八千方尺左右。今則有自置基產，在山東路漢口路轉角，馬路兩旁面積成方，每面佔一百十英尺長，自造房屋，半係水門汀五層樓，半係普通式二層樓，今已着手擴充改發爲一式五層樓，設置最新式之工場與辦事各部，俾成一座合於報館需用之完整房屋。就現在工作各部及職工宿所，除留出走道外，佔地實約三萬五千方尺之廣，以視前之八千方尺，且非己有，相去何如。抑以前賃屋，值不過一萬兩左右，今已成之房屋，值在十萬兩以上，而在建造中之新屋，尚不與焉。此事實上之比較也。

（二）機器　以前係用平版機，僅有美式（俗稱花旗架子）兩架，兩面出報。英機一架，單面出報，每小時儘其力量，除去工作上消耗時間外，平均其共報一千份，今則新式輪轉機九架半，每架單位可印四大張，每小時每架可出報一萬份。以今視昔，出報量之多寡，相去爲何如？抑在民之時代，社會祇知盡力專局有印報之所需，而今該館則並壓紙機，澆鉛版，澆字，亦一律用電力機器矣：至其價值，以前三四千元可購一印報機，百數十元可購一澆字機，數百元可將打紙版機澆鉛版機購置完全。今凡該館所置之輪轉機，每架計值五萬元，澆字機計值七八千元，打紙版機計值八千元不等。澆鉛版機，普通計值二三千元，較精者計值萬元。惟最完備者則需一三萬元，殊有置備之必要。刻亦正在計劃選購中。物質隨報業以進步，今昔相去又如何？此事實上之比較二也。

(三)張數與出報時間　創辦時因陋就簡，小說詩文外，無多足觀。日係間日出一張，閱月後，始係日出一張。殆越南之役，該報始有電訊，國人起而矚目。民之易未以前，張數猶不過日出三張，今則步步擴充，張數每日平均至少七張，本埠尚列印在其內，而臨時增刊等未與焉。至出報時間，今昔又不相同，蓋以前採訪新聞，遠不如現在之競爭。故各地消息，到達極早，大部無出奇制勝之資料，故編輯部每晚工作，至十二時或一時即可竣事，各記者猶以爲過遲，機房工作時先印各張，惟有電訊之正張，至二時始可開印。須延至翌晨十時方克出版。今則各地電報，紛至沓來，紀述文字，應接不暇，編輯部徹夜工作。正張須俟至翌晨六時方能開印，印至八時。而火車郵局因報多亦提早時間。然至八時尚不至于脫班，以九架半輪機之力量，每架每小時出報一萬計，其速率與鉅額可知矣。況就工作時間言，今以視昔轉因消息而延長，而出版時間，反因開印遲，數量多而不見其匆促，且提早焉。物質文明與精神文明相互之進步，有如此者，此事實上之比較三也。

（四）職工與月開支　民元以前，全館職工，不過七十人左右而已。其時每月總開支，亦僅需七八千元。今則 體職工，凡四百六十人，每月總開支達十五六萬元左右。以今視昔相去又何如。此事實上之比較四也。

就上之比較，足徵申報歷史重在下半部，尤重在民元以後以迄今日之說為不誣。擴而廣之，中國新聞事業之發達，重在最近百年間，尤重在清末以至現在，非憑空闊談也。由以上諸事實，以推測最近之發達，則在民國三十年以前之十年間，其猛進必大有可觀。至民國四十年則不難追步歐美日本諸先進國，而與並駕齊驅也。

第二節　新聞事業與資本主義

由資本主義發達之結果，而新聞事業遂捲入「托辣斯」之怒潮，以金錢而壟斷輿論，操縱報業之形勢既成，而促起二種反抗之運動：第一為社會團結之勢力，俱認「公家言論機關」為公家之事業，公衆應覺悟聯合起來管理。此公有說之由來也；第二為勞工運動之勃起，經濟權若由資本家而轉入勞工者之手，則工人必起而辦報，如今日勞工報紙之與資本報紙之對抗也。進而為蘇俄勞農政府管理下之報業也。此近于國營之說也，在中國今日似暫緩論，而轉眼切迫而來者，乃爲資本主義化之問題，去年曾因而引起報界之怒潮，苦戰半年之托辣斯化是也。

前英國新聞記者協會會長(Sir. Robert Donald)曾豫言曰，「在此最近之二十年，新聞界必有合併之傾向。小資本階級之新聞，必無存在之可能。」果也英美之新聞王出而獨霸一方，此蓋着眼于資本主義之發展，而勢有所必然也。今氏又豫于衆曰：「新聞界合併之傾向，在最近二十年前勢將更甚，日刊新聞逐漸減少，發行額反比例增加。歸幾個集團所把握。」推氏之觀點，似以資本主義倘有稱霸全球二十年之可能，然資本主義倘一旦崩潰，則新聞事業必有劇烈之轉變也。准目前之大勢，實可稱氏之說爲的言。美國新聞去年爲一千九百九十三家，比前半年減少十七家，比一年半前減少五十三家，此種減少乃由於大資本新聞之吞併或銷減所致。再詳言之，一由印刷造紙機器之改良，勞力之節省；二由于廣告主對新聞紙，必擇其有最多之銷數者；三爲謀銷數之增加，必事新聞之競爭；四爲人才之專門化，而薪金之增加；五爲政黨之爭執漸趨和緩；六爲廣告招徠之競爭日甚，銷數差者多失敗。此爲近因，而近十年助長此合併潮流者則爲新聞紙之趨重於新聞本位，而須鉅資以蒐集材料。

又歐戰後物價人工騰貴，新聞社紙張薪金等開支增多，而廣告主又多改其多刊爲專刊一大報之主張，此皆足以促新聞事業之合併也。

上述之趨勢，不僅在美國爲然，即在歐洲如英法德俄亦莫不皆然。大都由一資本集團之統制經營，於編輯營業之方針，大抵都趨一致，而各存其特點，以吸收各個之讀者。而在消費方面則可節省若干無謂之銷耗；於廣告方面，則可收兼收並蓄之宏効。新聞事業之托辣斯化於是成立。此中之巨擘，首推美國之 Scripps Hovard 系與 Herst 系。前者在全國各大城都市發行二十六種新聞紙，復以一千二百四十萬元收買 Pitt burgh Press，勢益澎漲。近復大行募集社債，勢必更飛梯突進。後者所經營新聞紙亦近三十種，而致力于美人所視爲低級新聞之（American Journal，使成爲全國銷數第一之報紙，尤著成效。英國 Lothermere Newspaper）系經營七大屬于新聞事業之公司，勢力之大，莫之與京。Allied Newspaper 系日刊新聞二十三種，周刊八十種，月刊年刊約百種，稱爲新聞界之霸王。而組織最完備者，應推德國之 Ullstein，全國四千種新聞雜誌中歸其統制者有八百餘種。而兼營事業有製紙工場，印刷工場，廣告代理店，新聞通信社，電話交換公司，電影攝租公司等，其勢力尤偉也。

新聞事業集中于資本主義之下，關於搜集貴重之材料，延攬優秀之人才，設備完善之通信機關，改良之販賣之分店，與及編輯印刷等等之精巧，都因有鉅額之資本，而臻于美備，凡小資本所不能實現者，至是者能實現。惟其此也，以中央新聞（指重要城市）直發至地方，地方新聞因人才經濟兩缺，勢必相率以崩潰，英國已現此恐慌，新聞事業托辣斯之結果，正如工業大資本化之現象相同，勿待吾人辭費。Sir Norhcliffe 止以泰晤士與密勒之勢力，即稱爲輿論之製造者，其勢足以去留內閣，而顯其無冠帝王之威權，而成輿論執論之時代。此種托辣斯之趨勢，已由一地而至全城，由一城而至一省，由省而至全國，由歐洲而至美國，而渡海東來，在中國資本主義亦已侵入新聞界，其爲利爲害，觀乎英美各國之情形，自可瞭然，而不待警言也。

第三節　新聞事業之大衆化

新聞事業之目的，在服役公衆，新聞紙之性質，亦一最普通之教育，故以極峯之造詣言，新聞事業必日趨大衆化，新聞紙必日趨淺顯化也。各國教育，弗論其發達至何程度，而受高等教育究屬少數，大部以受普通教育爲多。報紙爲擴充其勢力，則必推廣其銷數，欲推廣銷數，自必從此大多數人着想，而文字遂向通俗方面。昔之所謂「白門柳色」者，今已易爲「南京要聞」矣，昔之所謂「羊城夕照」者，今已易爲「廣州雜訊」矣；昔之所謂「倦勤」者，今已從俗謂之「辭職」矣，昔之所謂憤而投環者，今已從俗謂之「氣極上吊」矣；如此受普通教育者固一目瞭然，受高等教育者更自不待索解，所謂雅俗共賞之謂也。不然，則行文高古，記載有類史籍，則能讀者既少，銷路自減。今各國最大報社皆有悟有此，舉趨通俗，銷數每逾百萬，大奏奇効。我國教育素極幼稚，全國人口四萬三千六百萬，而識字者不過八千七百萬，僅佔總數百分之二十，其餘百分之八十爲未受教育而不識字之民衆。加以文字組織之繁難，卽識字亦多僅識之無而已。此在國家固然爲一嚴重之問題，卽在報紙之銷路，亦爲最大之阻礙。補救之方，一方在普及教育，而一方報紙必力趨淺顯，或逕改用白話，俾凡受過義務教育，或有同等程度之人，都能閱報，而感到興趣，則報紙之造福于民衆益鉅，銷路亦可增加若干倍。今後報紙欲求銷路之增加，當從淺顯化入手也。

然此乃一時過渡之辦法，而非根本之辦法也。根本之大計，乃在文字之問題，中國文字數有四萬，部定小學國文教科用者爲四千餘字，讀音統一會選定七千字，謂足敷中學之用。報紙通用之字數在四五千間，欲識此四五千字，非數年之苦工不爲功。以今日教育情形，與經濟問題言，非一時所能辦到，故識者乃提倡力少功大之注音字母，以符號讀音，民衆只須記得四十個字母，學會拼音之方法，即可讀文字旁邊之注音，由音會意，由意識字，此爲識字之簡便方法。報紙若採用注音之方法，如日本報紙之例，將假名（日本字母）排在漢字旁邊，閱者只要識得假名，即能讀音，上自公卿大夫，下至販徒走卒，皆人手一紙，故報紙之銷路動輒數十萬，朝日新聞每日新聞，每日銷路均在一百五十萬以上，全國人口僅七千萬，而報紙銷數竟至一千二百萬份，平均起來，每六人中必有一人閱報，然一家庭一機關一紙之閱者每在數人以上，故可謂無人不閱報也。吾國報紙銷數最大者只不過十餘萬，全國合計銷數不出百萬，尙不及人家一報之數，若以人口論，則四百人中僅有一人閱報，此種情形未曾不可謂爲文字爲厲之階也。次如新興之土耳其，亦感于阿拉伯字之繁難，毅然廢除，改用羅馬字，總座親臨各地演講廢用阿拉伯字之理由，與改用羅馬字之便利，報紙亦首先實行提倡，雖初時頗多反響，如銷數驟減與廣告零落之苦，而持以堅力，已日進佳境之途，一九三一年起，全國教科書將悉用羅馬字，預計報紙之銷路，必驟增如十倍，與英之每日郵報，美之美利堅人報並駕齊驅。我人於此，殊不必多憂，欲根本認清，報紙乃一般人日常必需之智識，而非名山之事業，辭達而已矣，固不在乎文辭之短長，若云學問，則有書本，若談學術，則有專門雜誌，各有各之專責，報紙弗須兼顧並籌也。吾每謂我國報紙銷路之少，與其歸咎于教育之不發達，毋寧責難于文字之艱深。現代教育家之普及教育運動，若先着眼于文字之改良，而從注音字母入手，實獨具隻眼。報紙自身倘能亦一反省，我人將待教育普及後而始推廣銷路乎，抑謀推廣銷路之法而助教育之普及乎？若存前想，則是固步以自封，若從後想，則決然改用注音符號，實爲自身社會兩益也。國人之首先着眼于此者爲無錫國語報，惜經營未得其法，不見成效。後北京京話日報曾稍奏膚功。至羣強報以京白行文，而取材又多意趣，遂風行中下級社會，銷數數逾二萬，在舊都報界中佔第一位置，惟以物質設備過陋，在社會上未爲人重。殆五四運動之秋，國語日報刊行，頗一新耳目。惜後以故互解。降至近年因時勢所趨，記事既漸淺顯，較有眼光者對社會記事，多採用白話，如世界中央民國日報，已著著見效，將來勢必推而至要聞，而全版也。

總上報紙大衆化之趨勢，默推將來之發展，吾人敢豫言曰，主持報業者，倘能着眼于文字之改革，採用白話，旁附注音，則將來在羣衆方面，必佔偉大之勢力，而銷數將爲他種報紙所不及，而奏空前之奇功也。

第四節　新聞事業合作之醞釀

報館與報館立于對抗之地位，新聞乃其競爭之焦點，其出奇制勝，自爲勢所必然。然關于公共之利害，獨不能舉，而合則共益者則必出于合作之途。合作事業其一爲關于人事方面，如報館公會也，如新聞記者聯合會也，其一爲關于報紙方面，如聯合通信社也，如造紙廠也。

新聞記者團結之團體，以英國爲最先，在十九世紀已具規模，其重要組織與事務如新聞紙會（The Newspaper Press Fund）創於一八六四年，爲社長經理主筆編輯員訪員畫家戲劇美術批評各記者及廣告人員等組織而成，當一九一六年已有會員二千六百餘人，所募積之財產在十萬以上，專以救濟貧苦記者，或記者死後之家屬爲事業者。其含有對付資本家意味者如新聞記者協會（The Institute of Journalists）以提高新聞記者之地位，改善新聞記者之資格，關於傭僱俸給之增加，求職之介紹，及講求一切有利于新聞記者爲事業。一九一八年總會復決議新聞記者俸給之最低率，以保障會員之利益。資方對之則有報業公會或報館主人協會之組織，謀報館方之利益，與解決勞資之糾紛爲目的。此外如新聞記者消費合作社也，設旅社住宅酒排間咖啡館等，以求消費之低廉。如俱樂部聯歡會也，備種種之娛樂以聯絡同業之感情，愉會員之身心。我國今日已有此種組織，特尙無規模，在最近之將來，因時勢之逼切，必日益完善發達也。

次爲關于報館方面，最初之消費合作社爲美國聯合通信社（Assocition Press）爲各報館所組織，共負擔採集新聞與分任經費之責任。最近日本八大報亦仿其例而組織新聞聯合社。其組織目的及事業約略如下：（一）該社爲東京大阪及其他日本各地重要新聞三十餘家所組織，非營業之性質，而爲實責分擔主義之新聞組合；（二）該社對于組合會員各社，以公平而合理之方法，採集及傳布日本及外國之新聞，同時組合員不單接受聯合社所供給之新聞，並提供所在地之新聞于聯合社，供組合會員共同之使用，而爲相互之組合機關。（三）該社之經營，由組合會員中選出十名理事，再由理事選出專務理事以當其任。故該社與任何政黨皆無關係，爲多數新聞社之集合體，無左右各新聞社編輯方針之慮。爲最公平之獨立機關，在通信社爲最理想之組織法。（四）該社爲路透聯合社之一員，與英國之路透社，美國之聯合通信社，法國之哈巴斯社，俄國之蘇聯通信社，意國之斯得法尼社等，世界最有力之通信社三十餘家，俱締有聯盟關係，互相援助。此種合作方法，勢已遍及全球，我國將來亦必有類似之組織也。此外如聯合設廠製紙，以減輕負擔，脫一時不能驟成，則聯合向外國採購，然後分配于各報館，在開消方面，亦較單獨零買爲便宜也。倘能眞誠協作，在消費方面之節省，即可以用以擴充其業務，爲利之大，固無以復加于此也。

第五節　新聞事業發展之正鵠

現代新聞事業商品化之趨勢，此發展之正鵠乎？是一疑問也。世人之主商品化者曰，新聞事業之經營，須有鉅額之投資，脫不以營利爲目的，將自喪其生命，故一方應從之競爭，以貢獻于社會：一方應該注重于營業，以維持發展其業務。所謂營業本位云者，乃以鉅量精神物質之代價，獲得正確敏捷精詳趣味之新聞，以最完美之製作，而供獻于買主之讀者，猶之商家之貨眞價實之公平交易，各得所需也。因其獨立也，故不爲御用之機關，而爲社會之公器，因其須博顧客（閱者）之信仰也，故以嚴正無私爲號召，如新聞王哈斯脫（美）諾斯克里夫，以經營一般商業之手段以操持新聞事業，因資本之確厚，執新聞界之牛耳。每年獲利無數，而事業乃彌益發展。以是商品說遂賴以成立，寖假而風靡世界。然此說亦不能謂爲至善，而足爲新聞事業之正軌也，夫新聞既爲商品也，則爲博購主之歡迎，而決不能保存本來之眞，其流弊也：營業報每易變更新聞之素質，而迎合讀者之心理也。次營業本位必賴廣告爲柱石，廣告主既知其弱點所在，每以不正當而要挾之，其流弊也營業報每爲廣告主所左右，而往往啼哭不得也。吾人所謂凡以發行爲手段，招廣告爲目的之營業報者：其結果上有捲入資本主義之漩渦，而成爲美國黃色新聞而已。蓋亦經驗之談也。

然則新聞事業發展之正鵠究竟如何而後可？總令學者之所倡導，則有國有與公有二說。

至「公有」之說，今日頗爲學者所盛道。夫新聞事業旣爲社會之公器，又爲人生享用之一種，則自非少數人所可操持，且輿論之代表，民衆之喉舌，亦非少數人所可代庖。故應由少數人之手，移于法人組織之下經營之，宜也。法人云者乃得政府許可之合法團體，以謀公益爲目的者。新聞事業由其出而經營，另組專會以主其事，既可集中財力與人才，並可免除營業本位資本主義之流弊。而于發行與廣告無謂之競爭，加以禁止與限制，使其循正軌以發展，執筆有適當之保障與遵守，自可發揮布衣宰相之威權。一報之記載，無所忌憚，則可秉筆直書；一報之評論，無所畏懼，則可直言是非。信如是，則新聞紙與權勢金錢之結納，自無從而發生，而言論之尊嚴，新聞事業之責職，乃可整個之完成也。今日之各報所標榜之宗旨正大，消息靈通，評論嚴允，編製新頴，始可不托空言，而達理想之境也。此說實行方法，雖多待乎討論，而予意在原則上實為新聞事業應走之正鵠也。

雖然，新聞事業之發展與社會制度之變遷，至有密切之關係也，如英美之捲入資本主義也，蘇俄之驟變為國家管理也，固非學者理想所可左右。特吾曹每云站在將代之前頭，不能不有一理想之鵠，以為發展之目標。若以我國最近之將來言，則一方固應求營業之獨立，而一方不應忘其為社會公共之機關，則于發展之正鵠，庶幾近歟！